AtV

VICKI LEÓN, spezialisiert auf die »ungeschriebene Geschichte« der Frau, lebt in Kalifornien und veröffentlichte eine Vielzahl von Büchern, darunter Reiseführer und historische Studien.

Hungersnöte, Kriege und die Pest – »dunkel« war die Zeit zwischen 470 v. Chr. und 1650 n. Chr. nicht nur in christlich geprägten Ländern, sondern auch im Islam und im Buddhismus, und mit am finstersten war, wie man weiß, das Frauenbild. Die hier porträtierten Frauen belegen, daß es im Mittelalter und in der Renaissance keineswegs nur behütete Burgfräulein gab: Trotula von Salerno beispielsweise übte sich in abenteuerlichen Operations- und Heilmethoden, die Französin Elisabeth Quintin verkaufte an den Kreuzzugsstraßen Souvenirs an die Pilger und machte damit ein Vermögen, die schöne Zubayada ließ Straßen und einen Aquädukt errichten, um den Weg von Bagdad nach Mekka bequemer zu gestalten, Kenau Hasselaar machte ihren Unternehmerkollegen im Hafen von Haarlem unbequeme Konkurrenz. Aufmüpfige Vorreiterinnen mit Beispielfunktion!

VICKI LEÓN

Elisabeth & Co.

Aufmüpfige Frauen des Mittelalters

Aus dem Amerikanischen
von Astrid Roth

Aufbau Taschenbuch Verlag

Mit 10 Abbildungen
Titel der Originalausgabe
Uppity Women of Medieval Times

ISBN 3-7466-1552-6

1. Auflage 1998
Aufbau Taschenbuch Verlag GmbH, Berlin
Published by Arrangement with Conari Press/A Partnership

Umschlaggestaltung Ute Henkel/Torsten Lemme
unter Verwendung des Gemäldes »Johanna von Aragonien«
von Raffael, um 1518, AKG Berlin
Satz LVD GmbH, Berlin
Druck Ebner Ulm
Printed in Germany

Für meine aufmüpfige Vorfahrin, Adelicia Louvain, die ich entdeckt habe, während ich dieses Buch schrieb; und für all die anderen mutigen Frauen des Mittelalters, deren wenig beachtete Lebensläufe und verrückte Ideen unseren stürmischen Beifall verdienen.

Zeiten für starke Frauen

William Shakespeare sagte einmal: *»Was ist schon ein Name? Das, was wir eine Rose nennen, würde anders genannt ebenso süß duften.«* Wir sind der Meinung, daß es durchaus angebracht ist, an einige vergessene Namen zu erinnern.

Die Zeit von 470 v. Chr. bis ungefähr 1650 n. Chr. war überaus hart: Hungersnöte, Seuchen und nicht enden wollende Kriege prägten diese Jahre – ganz zu schweigen von den unendlich langen Gottesdiensten in unbeheizten Kirchen. Einer ganzen Reihe von Frauen, die mehr zu bieten hatten als nur ihr Aussehen, schien das alles jedoch nichts auszumachen. Sie benutzten ihr Köpfchen (und andere Waffen, etwa Mut und Arglist), um ihre Namen in die Welt zu tragen. Wir neigen dazu, das Mittelalter mit Europa zu verbinden – aber wie zu sehen sein wird, waren starke Frauen auch auf anderen Kontinenten sehr darum bemüht, sich ein Denkmal zu setzen.

Die Jahre zwischen 500 v. Chr. und 1000 n. Chr. waren im wahrsten Sinne des Wortes düster – voller Schmutz, Ruß, Blut und Seuchen. Die großen Religionen, der Islam, das Christentum und der Buddhismus, gewährleisteten Frauen die meisten Bildungs- und Karrieremöglichkeiten. Als die Positionen interessanter und mit mehr Macht verbunden wurden, versuchten die Männer, daraus einen Herrenclub zu machen.

Kluge Köpfe wie die englische Erzieherin und Klostergründerin Hilda von Whitby bahnten sich in der christlichen Gesellschaft ihren Weg zum Ruhm. Mächtige Frauen der Maya-Kultur (wie etwa Zac-Kuk in Mexiko) hielten ein wachsames Auge auf die regierenden Söhne – oder regierten sogar selbst. In Asien saßen viele Frauen auf dem Herrscherthron, die koreanische Königin Sonduk zum Beispiel, die auf ganz legale Weise an die Macht kam. Wu Zhao aus China arbeitete sich langsam hoch, mit Taktiken, die an Machiavelli gemahnen, und herrschte schließlich fünfzig Jahre lang.

Etwa im Jahr 800 n. Chr. begann eine relativ warme Zeit auf der Erde: Laue Nächte führten zu einem explosionsartigen Anstieg der Bevölkerung, und primitive mittelalterliche Dörfer entwickelten sich langsam zu schmutzigen Städten. Gegen 1300 brach schließlich eine weltweit grassierende Seuche aus: die Pest. Der sogenannte »Schwarze Tod« raffte fast die Hälfte der Menschen in Europa, Asien und Afrika dahin.

Doch damit nicht genug: Es folgte ein fünf Jahrhunderte währendes großes Zähneklappern. Diese Zeit wurde auch euphemistisch »Kleine Eiszeit« genannt. Ob man sich aus religiösen Erwägungen verhüllen sollte, wurde nun nicht mehr diskutiert: Frauen (und Männer) liefen schlicht deshalb geradezu vermummt herum, weil es kalt war. Das war auch ein wenig den Architekten zu verdanken, die eine Steinburg nach der anderen bauten, ohne auch nur einen Gedanken daran zu verschwenden, was dieses Material für die Bewohner bedeutete ... Kirchenhohe Decken und Frostbeulen waren auch in privaten Häusern durchaus an der Tagesordnung.

Nachdem die Christen im Jahr 395 die Zeit der Olympischen Spiele für beendet erklärt hatten, war die Begeisterung für sportliche Betätigungen verschwunden. Je nach sozialem Stand konnten Frauen als Alternative die Felder pflügen, Haus und Hof verteidigen, in den Krieg ziehen, vor dem Krieg flüchten oder schlicht vor Angst oder Kälte zittern. Auch wusch man sich nicht mehr wie einst nach sportlicher Betätigung, denn übertriebene Hygiene galt als heidnisch oder gar krankhaft. Man stelle sich eine Bevölkerung ungewaschener, überarbeiteter, schlecht ernährter Menschen vor, die sämtlich versuchen, sich irgendwo zu wärmen – die perfekten Voraussetzungen für immer wiederkehrende Wellen von Blattern, Beulenpest, Lepra und anderen Seuchen. Hinzu kamen politische Krisen und zeitweilig sogar Kannibalismus.

Es war, wie bereits erwähnt, eine Zeit der Kriege: Da ist von Frauen mit äußerst reizbarem Naturell die Rede, von ihrer gnadenlosen Brutalität. Und die Männer waren sogar noch schlimmer! Demut, ob aufrichtig oder vorgetäuscht, schien häufig das klügere Verhalten für die Damen zu sein, wenn sie ihren Kopf retten wollten. So manche Frau übte sich in Zurückhaltung und Bescheidenheit, wenn sie beispielsweise für ihren königlichen Gatten eine Rede verfaßt hatte.

Auch für Gutsbesitzerinnen war das Leben nicht gerade einfach. Es gab weder Computerläden noch Fußballspiele, so daß die Männer eigentlich überall und ständig ihre Finger im Spiel hatten. Aus diesem Grund waren die Frauen, als sie von den Kreuzzügen Wind bekamen, sofort Feuer und Flamme: »Gut, dann bist du also weg. Wie lange? Ein paar Jahre? Schau, daß du die Blätter zusammengefegt hast, und bring den Müll runter, bevor du gehst.« Die Kreuzzüge hatten drei gravierende Konsequenzen: es gab einen drastischen Anstieg der Anzahl von Witwen, gleichzeitig aber auch mehr Entfaltungsmöglichkeiten für Frauen. Außerdem mehrten sich die baufälligen Gebäude.

Die Sklaverei wird gemeinhin eher mit der Antike assoziiert, aber auch im Mittelalter war sie unter dem Begriff »Leibeigenschaft« durchaus verbreitet. Als Frau konnte man diesem Schicksal am besten entgehen, indem man Nonne wurde. Richtig frei war man dort natürlich auch nicht, aber dennoch hatten die Klöster einen extrem großen Zulauf.

Den Töchtern aus den höheren Ständen erging es oft nicht viel besser als anderen Frauen: Sie waren meist Spekultionsobjekte, von denen erwartet wurde, daß sie in andere Adelsfamilien einheirateten, egal wie weit entfernt diese auch lebten. Durch hervorragende Königinnen wie Nur Jahan von Indien und Eleonore von Aquitanien gelangten auf diese Weise Erfindungen, Nahrungsmittel, Sitten und Sprachen von einem Land ins andere. Diese von Frauen initiierten kulturellen Transfers waren viel umfassender (und sinnvoller), als irgendwelche auf Kriege zurückgehende Allianzen es je hätten sein können.

Eine »kulturelle Wettervorhersage« hätte um 1350 etwa folgendermaßen lauten können: »Wir erwarten einen klaren Himmel mit vereinzelten Wolken in Form von Seuchen und Hungersnöten, gefolgt von dem strahlenden Glanz der Renaissance, die sich im 16. Jahrhundert von Italien aus westwärts nach Großbritannien bewegt.« Die Renaissance war eine unglaublich lebendige Epoche mit einem lebhaften Interesse am Menschen, an den Künsten und den Wissenschaften. Frauen von Königin Elisabeth I. bis Moll Cutpurse (die als Robina Hood dafür sorgte, daß die Reichtümer Englands neu verteilt wurden) machten sich einen großen Namen.

Aber es herrschte keineswegs nur eitel Sonnenschein. An einem schrecklichen Tag im Jahre 1385 schleppte eine bayerische Königin einen Mode-Virus nach Frankreich ein. Frauen in ganz Europa erlagen plötzlich einer kegelförmigen Hutmode. Die fast ein Meter hohen Spitzen der Hüte hatten zur Folge, daß eine große Anzahl von Türen umgebaut werden mußte. Und das führte wiederum zu noch mehr Durchzug in den Burgen. Aber Scherz beiseite, bald lauerte eine wirkliche Gefahr, die die Frauen an einigen Orten richtiggehend ausrottete. Ab etwa 1500 wurden Frauen mit heilenden Kräften geradezu verteufelt. Die über zwei Jahrhunderte dauernde Hexenverfolgung, die von Kirche und Staat getragen wurde, war eingeleitet. Durch diese Massenvernichtung wurden mindestens 100 000 Frauen gefoltert, verbrannt oder rituell ermordet.

Es gab in dieser Zeit aber auch Abenteurerinnen, die die verschiedensten Teile der Erde unsicher machten. Vagabundierende Xanthippen gingen wie ihre männlichen Ebenbilder auf Entdeckungsreisen (bei denen sie auch manchmal zu Ausbeutern wurden): Da war etwa die Spanierin Inés de Suárez, die eine Expedition des etwas orientierungslosen Pedro Valvidia aus der Wüste führte. Oder Maggie de la Roque. Eine Königin war derart von ihrem mutigen Überlebenskampf in der Wildnis Kanadas – ohne Einkaufszentren oder enkoffeinierten Kaffee – beeindruckt, daß sie eine Biographie über sie schrieb. Und dann Nzinga Mbande, eine kriegslustige angolanische Herrscherin, die sich von den portugiesischen Kolonialherren befreite – manchmal, indem sie sie aufaß.

Frauen befaßten sich in dieser wilden Epoche mit Anatomie, Astronomie und Religion. Sie wurden erfolgreiche Hufschmiedinnen, Metzgerinnen, Druckerinnen, Philanthröpinnen und Wollhändlerinnen. Unabhängig von ihrem gesellschaftlichen Status und ihrer Herkunft, hatten viele eine überaus optimistische Lebenseinstellung – wie zum Beispiel Artemisia Gentileschi: Die italienische Malerin wurde als junge Frau brutal vergewaltigt. Bei dem anschließenden Gerichtsverfahren mußte sie als Zeugin auftreten und sich monatelangen Folterungen durch die Daumenschraube (der mittelalterlichen Variante des Lügendetektors) aussetzen. Diese Erfahrung machte sie auf eigentümliche Weise stark. »Ich werde mich nicht unterkriegen lassen«, sagte sie sich. Artemisia übte wirkungsvoll Rache an ihrem Angreifer, indem sie (ganz im Gegensatz zu ihm) mit ihrer Arbeit großen Ruhm erlangte.

Im Chaos des Mittelalters gab es unzählige starke Frauen mit einem guten oder schlechten Ruf. Egal wie dunkel die Epoche auch war oder wie schlecht das Wetter, es gibt sehr viel mehr bedeutende Vertreterinnen des weiblichen Geschlechts, als wir je erwähnen können – starke Frauen voller Tollkühnheit, Tatendrang und Mut, die sagten: »Auch wenn das Ärger geben könnte, ich habe hier auch meinen Platz. Ach ja, und William: um meinen Namen kommst du nicht herum.«

Vicki León

Kapitel eins

Wie man im Mittelalter Kohle machte

Fya Oberbach

Eine Frau mit dem wunderbaren Namen Fya Oberbach (wahrscheinlich wollten sich die Oberbacher vom Unterbach-Gesindel distanzieren) machte Karriere als Hufschmiedin – und das sechs Jahrhunderte bevor amerikanische Frauen dazu aufgerufen wurden, in die *heavy metal*-Produktion für den Zweiten Weltkrieg einzusteigen. Fya, die in Deutschland lebte und Hufeisen herstellte, war zunächst als »Schmiedin von Siberg« bekannt. Später hievte sie ihren Amboß nach Köln. Neben ihrem Talent, glühendrotes Eisen zu schlagen, besaß Fya auch Führungsqualitäten. Während ihrer dreißigjährigen Karriere bekleidete sie zwei Ämter in der Schmiedezunft. Frau Oberbach war jedoch kein Einzelfall: Gerichtsakten und Zunfturkunden belegen, daß es weitere Hufschmiedinnen, Kupferschmiedinnen, Blechschmiedinnen und Zinngießerinnen gab. Einige dieser gewaltigen Frauen erhielten über das »Witwenrecht« Zutritt zu der Zunft; andere jedoch durch reinen Eifer und Muskelkraft.

Margery Russell

Gegen 1300 n. Chr. starb in Coventry, England, plötzlich Margery Russells Ehemann. Die Witwe stand unversehens an der Spitze des Import-Export-Unternehmens ihres verschiedenen Gatten. Alles lief bestens, bis eines ihrer Schiffe, mit Gütern im Wert von mehr als 800 Englischen Pfund beladen, während einer Überfahrt gekapert wurde. Das ging wohl auf die Kappe von spanischen Piraten – den berüchtigten Gegnern der Händler zu dieser Zeit. Margery marschierte zum Hof und verlangte einen Kaperbrief für Santander in Spanien, dem Heimathafen der Piraten (Kaperbriefe waren Dokumente des englischen Königs, die Opfer eines Überfalls auf hoher See ermächtigten, als Entschädigung die Ladung irgendeines spanischen Schiffes in einem englischen Hafen zu beschlagnahmen). Frau Russell bekam ihren Brief und damit das Anrecht auf zwei spanische Schiffe. Die beiden zum Bersten vollen Laderäume erwiesen sich als beträchtlich wertvoller als das Diebesgut der Piraten.

Auf diese Aktion, ein ganz normales Vorgehen unter zeitgenössischen Händlern, folgte ein wüster Rechtsstreit mit den Spaniern – ein schlagender Beweis dafür, daß auch eine Spätstarterin durchaus erkennt, nach welchen Spielregeln in der Geschäftswelt gespielt wird.

Alison La Jourdain

Eigentlich unvorstellbar für die Modestadt Paris, aber im Jahr 1415 konnte ein Mädel in ernsthafte Bedrängnis geraten, wenn es sich um modische Kleidung oder gar ein bißchen Unabhängigkeit bemühte. Unsere Modebesessene hieß Alison La Jourdain. Sie war eine junge, verheiratete Frau aus Senlis, der nach und nach bewußt wurde, daß ihr der Ehestand nicht so recht bekam. Bevor sie sich jedoch in das Single-Dasein stürzte, ergriff sie klugerweise einen Beruf: Sie wurde Hutmacherin. Nach ihrer Scheidung trat sie außerdem der Zunft der Weber bei und arbeitete in der Kleiderbranche. Bald bildete sie sogar Lehrlinge aus. Sie kaufte sich von ihrem erfolgreich verdienten eigenen Geld ein Haus (mit Platz für zwölf Kostgänger als Nebenverdienst).

Eines Tages dann spazierte sie durch Paris. Sie war vielleicht ein bißchen aufgetakelt in ihrem selbstgenähten Ensemble mit Gürtel und Pelzbesatz. Ein Wachtmeister sperrte sie ein, weil sie die Luxusgesetze gebrochen hatte. Die Pariser Gesetze zu Alisons Zeiten hätten einen Yves Saint Laurent ganz schön alt aussehen lassen: sie verboten vor allem den niederen Ständen zu große Eleganz. Luxusgesetze existierten auch in anderen Teilen Europas. Mancherorts gehörten die schönsten Kleider und der schönste Schmuck sogar grundsätzlich dem Ehemann. Und er hatte das Recht, sie zu verkaufen oder an andere zu verleihen! In aufgeklärteren Zeiten ein unumstößlicher Scheidungsgrund.

Nach einer offiziellen Rüge für ihr Aussehen teilte man Alison mit, daß sie als Strafe ihr Haus räumen müsse. Und damit begann ein aufreibender und erbitterter Prozeß zwischen der Bürgerin Alison und den berüchtigten Modebullen von Paris.

Man sah einen direkten Zusammenhang zwischen Haute Couture und sexuellen Ausschweifungen und prangerte Alison als Flittchen an, das ihren Ex-Gatten mit einem Priester – und noch dazu mit einem italienischen! – betrogen hatte. Eine Zeugin aus Alisons Zunft sagte aus, daß zwar Jourdains ausgefallene Buden zwar tagsüber für die Weberei benutzt würden, bei Einbruch der Dämmerung jedoch sei es ganz eindeutig: Madame Jourdain betreibe von ihrem Wohnzimmer aus ein Bordell. Andere Zeugen behaupteten, daß Alison Zuhälterei betreibe und ihre beiden Schwestern zu Liebesdiensten verkauft habe; andere wiederum taten energisch kund, daß La Jourdain ja kein Geld nehmen würde und es sich deshalb nicht um Zuhälterei, sondern lediglich um »normale zwischenmenschliche Kontakte« handeln würde.

Hat sich die in üppige Pelze gehüllte, möglicherweise unzüchtige Frau A. da herauswinden und ihr Haus behalten können? Schaffte es die Bürokratie, sie für ihre Eleganz an den Pranger zu stellen? Oder ging es in Alisons Fall im Grunde nur darum, das Terrain abzustecken? Natürlich hätte kein Pariser protestiert, wenn sie 24 Stunden am Tag die Weberei betrieben und mit dem Lärm von einem Dutzend Webstühlen die Nachbarschaft aus den Betten gefegt hätte. Aber selbst ein Teilzeit-Bordell störte in einem Geschäftsviertel ganz empfindlich. Weil Alison dann nämlich einen großen Vorteil gegenüber den anderen Bordellen der Stadt gehabt hätte: Laufkundschaft. Typisch französisch, oder? Lehrlinge, die hin und her gerissen sind zwischen einem Imbiß oder einem Quicky vor Feierabend …

So wie es für gewisse bittersüße französische Filme typisch ist, bleibt das Ende für uns (und für Alison) offen. In klassischer bürokratischer Manier kam das Gericht lediglich darin überein, »den Fall weiterhin zu prüfen«.

Katharina Johans & Ale-Weiber

Gastwirtinnen, Schankwirtinnen oder einfach nur Ale-Weiber – Frauen spielten im Mittelalter im *bed-and-beer*-Bereich die erste Geige. Ob Herstellung oder Verkauf, das Bier war lange Zeit fast ausschließlich eine Domäne des weiblichen Geschlechts.

Braumeisterinnen wie Lisebette de Hond, eine wohlhabende Bürgerin der Stadt Gent in Belgien, tauchen häufig in den Stadtbüchern auf. Diese Dame war Tochter eines Brauers und heiratete selber einen. Sie braute nach seinem Tod selbst Bier und bildete Lehrlinge aus. Als sie sich im späten 13. Jahrhundert zur Ruhe setzen und auch mal ein Schlückchen genehmigen wollte, verpachtete sie die Brauerei.

Eine weitere energische und vielseitige Braumeisterin und Schankwirtin war Katharina Johans. Im damaligen Deutschland boten Wirtshäuser nicht nur Essen, Getränke und Übernachtungsmöglichkeiten an, sondern sie fungierten auch als Auskunfts- und Vermittlungsbüros, lieferten Unterhaltung und medizinische Versorgung, arrangierten Kredite für ihre Kunden und betätigten sich als Pfandleiher. Natürlich gab es ab und zu mal Pannen. Katharina mußte mit einem ihrer Stammkunden hart zu Gericht gehen und ihm böse Briefe schreiben, damit er seinen Deckel bezahlte. Obwohl das mutige Ale-Weib im Recht war, kam der Fall vor den Erfurter Stadtrat – die arme Katharina mußte sich während eines Ratstreffens bei ihm entschuldigen. Es gibt keinen Vermerk darüber, wann – oder ob – sie ihr Geld bekommen hat.

Die Wikinger liebten den Gerstensaft so sehr wie die Engländer; Männer wie Frauen wurden danach beurteilt, wieviel sie von dem Zeug runterkippen konnten.

Viele Schriftsteller und Maler haben den englischen Ale-Weibern ein Denkmal gesetzt. Zur Zeit Heinrichs VIII. wurde ein Pub in Leatherhead, von einer gewissen Eleanor Rummynge geführt, zur Lieblingskneipe von John Skeleton, dem englischen Hofdichter und ersten Lehrer Heinrichs VIII. Er war ein durstiger Mann mit gnadenlos geistreicher Feder. Er malte eine Karikatur des unvergessenen Gesichts der Wirtin und widmete ihr sein Liedchen »The Tunning of Eleanor Rummynge«.

Übrigens begann genau zu Zeiten von Eleanor der Wettstreit zwischen Bier und Ale. Die europäischen Mönche hatten beim Ausprobieren neuer Brautechniken in ihren Klöstern entdeckt, daß der Zusatz einer Pflanze namens »Hopfen« dem Ale die Süße nimmt. Noch wichtiger war die Entdeckung, daß Hopfen das Bier konservierte. Bald konnte Eleanor ihren Kunden Bier und Ale anbieten. Ale blieb jedoch das traditionelle englische Lieblingsgetränk. Und Eleanors gehörte mit zu den besten.

Aedelfleda

Gegen 990 beendete die englische Näherin Aedelfleda mit ihren flinken Händen einen riesigen Wandteppich, der Ruhmestaten und Heldentod ihres Mannes in der Schlacht von Malden darstellte. Aedelfleda schenkte ihn der Klosterkirche von Ely. Ihre Handarbeit (wahrscheinlich eher eine Stickarbeit als ein gewebter Teppich) existiert nicht mehr – man ist jedoch nahezu davon überzeugt, daß ihr Werk als Inspiration für den über siebzig Meter langen Bayeux-Teppich gedient hat. Diese von Frauen gefertigte Gemeinschaftsarbeit aus Wolle auf Leinen zeigt wie ein gewebter Cartoon zwei historische Begebenheiten: die Schlacht von Hastings und den Halleyschen Kometen. Nach Aedelfledas Tod schenkte der Abt des Klosters von Ely ihrer Enkelin ein ganzes Dorf. Dort sollten sie und ihre begabtesten Textilkünstler die Arbeit der Großmutter fortsetzen. Diese talentierte Frau aus Sussex begründete damit eine künstlerische Tradition.

Chiyome

Die gescheite japanische Witwe Chiyome hatte ihre Finger überall im Spiel. Sie wußte, daß es besser ist, reich und berühmt als arm und schwach zu sein. Mit dieser Maxime eröffnete sie gegen 1560 ein Rent-a-Ninja-Unternehmen, das Mädchen ausbildete, als *kunoichi* oder »tödliche Blumen« zu arbeiten.

Bevor die Ninjas zu dämlichen Zeichentrick-Tauben und Halloween-Kostümen mutierten, arbeiteten sie fast während des gesamten tausendjährigen Mittelalters in der klassenbewußten Gesellschaft Japans als Spione. Die Kriegsherren der Samurai benutzten Ninjas für die Drecksarbeit: um Umstürze einzufädeln, feindliche Pläne aufzudecken und unbeliebte Machthaber oder andere Samurais auszuschalten. Die Ninjas waren als Arbeitskräfte durchaus beliebt. Ihr Ansehen und ihre Bezahlung waren jedoch eher bescheiden, ungefähr so wie bei einer Bedienung in einer Schnellimbiß-Kette. Chiyome dachte sich, daß es gewinnbringender sein könnte, Ninjas auszubilden, als selbst eine zu sein. Sie trauerte nur in Maßen um ihren verstorbenen Mann, einen Kriegsherrn, und das Alleinsein gab ihr die nötige Ruhe, um eine geheime Schule aufzubauen.

Traditionellerweise wurde der Status als Ninja von Generation zu Generation vererbt. Die Ninja-Familien lebten in entlegenen Dörfern in Iga und Koga. Chiyome hatte jedoch die schlaue Idee, verlassene Kinder – Waisen, Ausreißer und dergleichen – aufzunehmen. Wie gütig, dachten die Nachbarn. Das zischende Geräusch der fliegenden Messersterne hörten sie nicht.

Chiyomes Auszubildende lernten in der Schule strategische Schlachtenplanung und den Umgang mit Messern, Schwertern, Wurfspeeren und einer Beil-und-Haken-Kombination, auch Hellebarde genannt. Die tödlichen Blumen mußten wie James Bond improvisieren und alles in eine Mordwaffe umwandeln können. Haarnadeln wurden in Gift getaucht. Fächer wurden wie Rasierklingen geschärft. Die Ninjas trugen jede Menge Wurfgeschosse, Stahlhaken, blindmachende Pülverchen und anderes abgefahrenes Zeug mit sich herum. All das banden sie sich mit einer Schärpe – dem Obis, einem fast drei Meter langen Stück Stoff, das als Kletterausrüstung und Verband dienen konnte – um die Hüfte. Das Ziel vieler Mädchen war der »Mantel der Dunkelheit«, ein schwarzes Ninja-Gewand (das macht ja so schlank!); manchmal hatten sie jedoch auch nur normale Straßenkleidung an. Oft erteilte Boss Chiyome Aufträge, bei denen weibliche Reize gefragt waren – für die ihre tödlichen Blumen den besonders feinen Kimono aus dem Schrank holen mußten. Neben dem Waffentraining mußten die jungen Unsichtbaren unzählige Stunden damit verbringen, auf Bäume zu klettern, sich unter Wasser zu verstecken und zu lernen, sich aus brenzligen Situationen oder Fesseln zu befreien. Egal wie geschickt sie sich auch anstellten, aus einem kamen sie nur sehr schwer wieder heraus – aus ihrem Abhängigkeitsverhältnis zu der mächtigen Madame Chiyome.

Margaretha Prüss

»Tinte macht mich an« – das hätte das Motto von Margaretha Prüss, einer mutigen Handwerkerin aus Straßburg, sein können. Sie war im Druckereigewerbe aktiv. Das Druckereiwesen hatte gerade hundert Jahre zuvor dank der deutschen Erfindung der variablen Lettern das Licht der Welt erblickt. Schriftstücke belegen, daß Margaretha durch Heirat ins Geschäft kam. Im Lauf ihres Lebens war sie mit drei verschiedenen Druckern verheiratet und hat diese auch begraben. Am Ende betrieb sie die Druckpressen selbst. Was die Prüss druckte? Wahrscheinlich Bücher und Pamphlete. Damals waren Drucker gleichzeitig Verleger und verkauften so ihre Werke. Es gab jedoch in Europa seitens Kirche und Stadtverwaltungen eine starke Zensur. Schriftstücke mit provokativem religiösem oder politischem Inhalt wurden konfisziert. Wurden die Verleger zweimal nacheinander beim Vertrieb solcher Schriften erwischt, wanderten sie ins Gefängnis. Die Kirche war wohl Margarethas bester Kunde. Jahrelang hatten die Kirchendiener durch den Verkauf von Ablaßbriefen Geld gescheffelt. Durch diese Briefe konnte man sich, wenn man eine Sünde begangen hatte, sozusagen wieder freikaufen, indem man einen bestimmten Betrag zahlte. Ablaßbriefe konnten nun en masse produziert werden. Die Druckerin Prüss und andere weibliche Pioniere auf diesem Gebiet haben sich wahrscheinlich auf dem Weg zur Bank ins Fäustchen gelacht.

Liutbirg

Um die Jahrtausendwende lebte und webte Liutbirg, auch die »Wundertätige« genannt, in Deutschland. Das Textilgewerbe gehörte zu den aufstrebenden Branchen in Europa. Nach jahrhundertelanger Feudalwirtschaft wurden die befestigten Städte durch den erstarkten Kleinhandel langsam zu urbanen Zentren. Die Textilbranche war Sache der Frauen. Auch Liutbirg, eine demütige Dienerin der römischen Kaiserin Gisela und ihres Sohnes, besaß ein großes Atelier. Die beiden Herrscher wußten, was für eine tolle Frau sie vor sich hatten. Mit zuckersüßen Worten brachten sie Liutbirg dazu, weitere schwierige Aufgaben zu übernehmen: Sie kümmerte sich um die Kranken, organisierte Angelegenheiten des Palastes und leitete sogar eine Abendschule für Mädchen, um sie in Weben, Spinnen, Näherei, Lesen, dem Singen von Psalmen und Färberei zu unterrichten. Als sie sich zur Ruhe setzte, bat sie nicht um einen Golfplatz oder ein Vergnügungscenter für ihr bescheidenes Viertel, sondern um eine winzige Gebetszelle und einen Kohleofen. So konnte sie weiterhin Gott huldigen, Stoffe färben und ihr Handwerk unterrichten. Ist es verwunderlich, daß man auf die Idee kam, dieses sächsische Perpetuum mobile heiligzusprechen?

Anna Weylandin

Die Karriere eines Fräuleins namens Anna Weylandin illustriert eine faszinierende Lektion der Geschichte. Auf der einen Seite steht das immerwährende Bedürfnis der Regierungen, alles unter Kontrolle zu haben, auf der anderen Seite das leidenschaftliche Bestreben der Bürger, genau diese Kontrolle zu umgehen. Anna, die im 16. Jahrhundert in Straßburg lebte, mußte eine der treuherzigsten Gesetzesübertreterinnen der Stadt gewesen sein. Worin läßt sich das am besten festmachen? An ihrem Spitznamen – Lumpenweib oder »Gaunerin«.

Nachdem sie von der Stadt die Lizenz erhalten hatte, importierten Hering zu verkaufen, biß die gerissene Anna sofort an und nahm auch Stockfisch ins Programm. Dann versuchte sie sich in Preisdrückerei und anderen faulen Geschäften. Anschließend machte sie in Kerzen und übertrat bald verschiedene der weitreichenden Bienenwachs-Verordnungen und Kinderarbeitsgesetze. Anna mochte die Straßburger Gesetze vielleicht lächerlich gefunden haben, die Bestrafungen hätten sie jedoch sicherlich geschmerzt: Der Stadtrat drohte, sie mit glühenden Zangen zu foltern und ins Wasser zu werfen. Es gibt allerdings keine Indizien dafür, daß sie tatsächlich bestraft wurde.

Sechs Jahre später erwischte der Stadtrat sie, als sie zu kleine Kerzen verkaufte. Anna weigerte sich, Rede und Antwort zu stehen, und schickte ihren Ehemann vor, der sich ebenfalls mehr als geschickt aus allem herauswinden konnte. Durch seine Mätzchen wurde der Fall ewig lange hinausgezögert. Der aufgebrachte Stadtrat verbot Anna schließlich und endlich, auch nur noch eine weitere Kerze zu verkaufen, und ging nach Hause – erschöpft, aber sicher, den Machenschaften Einhalt geboten zu haben.

Nach dem Kerzenfiasko ging die Gaunerin zu holländischem Käse über. Sie verkaufte ihn auf dem Schwarzmarkt, bis ihr der Stadtrat wieder auf die Schliche kam. Er drohte ihr mit Verbannung und belegte sie mit einem lebenslänglichen Verbot, überhaupt noch etwas zu verkaufen. Egal, um was es sich dabei handeln sollte. Das Lieblingslumpenweib von Straßburg verschwand schließlich aus den Archiven des Stadtrats. Es steht zu vermuten, daß Wissenschaftler eines Tages inmitten der Berichte einiger anderer glückloser Stadträte ein meterlanges Strafregister einer spitzbübischen Fischhändlerin/Kerzenkrämerin/Käsepreisdrückerin finden werden.

Eva Giffard

In der Mitte des 13. Jahrhunderts war das Hafenstädtchen von Waterford in Irland kleegrün und voller Schafe, aber ein schrecklicher Ort, um dort seinen Lebensunterhalt verdienen zu müssen. Eva Giffard, eine dort lebende Weberin und Wollverkäuferin, geriet durch Preiserhöhungen in Bedrängnis. Dann kam ihr die Idee: Warum sich nicht an die Protagonisten des Geschäfts mit Wolle wenden? Gesagt, getan suchte sie sich eine besonders wollige Herde Schafe aus und stattete ihnen eines Nachts einen Besuch ab. Eva hatte wohl im Eifer des Gefechts ihre Schere vergessen. Oder sie wollte den Eindruck erwecken, daß sich Außerirdische über die Tiere hergemacht hatten. Auf jeden Fall krempelte Frau Giffard die Ärmel hoch und riß mit bloßen Händen zwanzig verwirrten Schafen die Wolle vom Rücken. Einige bluteten natürlich. Bevor Eva zu Punkt zwei ihres Plans kommen konnte, wurde sie erwischt. Dem Richter erzählte sie eine abenteuerliche Geschichte. Sie war fast schon wieder auf freiem Fuß, als ein achtsamer Beamter auf die

Idee kam, ihre Lager zu überprüfen. Nicht zu fassen: Es war keineswegs das erste Mal, daß die ordnungsliebenden Einwohner – und Schafe – von Waterford von dieser Betrügerin gerupft worden waren. Das wurde Eva zum wolligen Verhängnis.

Esther Quira

Das Leben in einem türkischen Harem war ganz schön langweilig. Deshalb vergnügten sich die Haremsfrauen gerne mit Einkäufen. Natürlich mußte alles angeliefert werden. Eine junge jüdische Witwe, die sich aus einer finanziellen Notlage heraus einen Namen als Verkäuferin von edlen Stoffen, Parfüm und Schmuck gemacht hatte, schloß auf diesem Wege Freundschaft mit Baffa, der Sultanin und Lieblingsfrau von Sultan Murad III. Die vielseitig talentierte Esther wurde schließlich zur ersten Hofdame von Baffa. Sie arbeitete als Hebamme und Handelsvertreterin, als persönlicher Kurier und als Zwischenhändlerin für die Haremsfrauen. Nachdem sie, wie erzählt wird, einem männlichen Erben des Herrschers, der an Pocken erkrankt war, das Leben gerettet hatte, stieg ihre Gunst bei der Sultanin ins Unermeßliche. 1539 erhielt Esther das erste einer Reihe von besonderen persönlichen Vorrechten – lebenslängliche Steuerfreiheit für sie und ihre Nachkommen.

Vier Jahrzehnte lang liefen ihre Geschäfte mit den moslemischen Bonzen von Konstantinopel gut, sie wurde reich und lernte das hohe Spiel der Intrige. 1584 war sie in einer delikaten politischen Angelegenheit zwischen Katharina von Medici und der Sultana Baffa als Spionin und Übersetzerin aktiv. Als Dank machte die Sultanin Esther ein weiteres Geschenk – sie erteilte ihr das Recht, ihr Glück in Venedig zu versuchen.

Von nun an zeigten sich die königlichen Dankesbekundungen gegenüber der geschäftstüchtigen Witwe in ungebrochenem Maße, eine Ehrung jagte die andere. Esther wurde nicht durch den Verkauf von überteuertem Schnickschnack, sondern auch als einflußreiche Frau bei Hofe berühmt. Quira nutzte ihr Geld auf sinnvolle Weise. Sie unterstützte hebräische Schulen und die Veröffentlichung von Büchern; nach einem verheerenden Feuer, das das jüdische Viertel Konstantinopels in Schutt und Asche gelegt hatte, half diese großherzige Frau beim Wiederaufbau – und beköstigte an ihrem Tisch die Armen. Überdies war es wohl Esther, die Gracia Mendes, Europas berühmtesten und wohlhabendsten jüdischen Flüchtling, in die türkische Hofgesellschaft einführte. Aber der Werdegang eines Menschen scheint oft dem Gesetz der Schwerkraft zu gehorchen. So kometenhaft es bei Esther aufwärts gegangen war, so rasend schnell ging es, als sie um die siebzig war, bergab. Als ein neuer Sultan an die Macht kam, führte eine militärische Splittergruppe, erzürnt darüber, daß sie die Langzeitmaklerin nicht bestechen konnte, eine Bande von Verbrechern direkt zu ihrer Tür. Nachdem diese Esther umgebracht hatten, markierten sie mit den einzelnen Körperteilen der Frau die Häuser all derjenigen, die an ihrem Erfolg teilgehabt hatten. Unter den Niedergemetzelten waren auch zwei von Esthers Söhnen. Quiras bereits legendäres Vermögen wurde von der türkischen Regierung konfisziert. Zwanzig Jahre später jedoch wurden die Privilegien, die ihr von der früheren Regierung zugesprochen worden waren, auf ihre Enkelkinder übertragen. Quiras Ruhm behielt seinen goldenen Glanz; ihr Nachname, Quira (das türkische Wort für »Ester«), wurde zu einem feststehenden Begriff: Ab dem 16. Jahrhundert wurden alle berühmt-berüchtigten Harems-Händler nach Esther »kira« genannt.

Anna Maria von Schurmann

Wie charakterisiert man eine Frau, die zwölf Sprachen spricht, an der Universität Utrecht einen Abschluß in Jura gemacht, Medizin studiert, Philosophie unterrichtet, Bücher geschrieben und sich in ihren Mußestunden noch einen

Namen als Bildhauerin und Malerin gemacht hat? Unverheiratbar. Das dachte zumindest die Mutter von Anna Maria von Schurmann. Sie wollte, daß Anna sich wie alle durchschnittlichen höheren Töchter, die im Jahre 1607 geboren worden waren, den Handarbeiten hingibt. Ungeachtet der mittelalterlichen Ängste ihrer Mutter befand sich die Renaissance-Tochter schließlich in der Situation, daß alle Welt an ihre holländische Pforte klopfte. Berühmte Köpfe wie Descartes tauschten mit ihr Gedanken aus. Neben ihren Arbeiten im geisteswissenschaftlichen Bereich – so verfaßte sie eine äthiopische Grammatik – veröffentlichte sie allgemein anerkannte Bücher zu geschlechterunabhängiger Intelligenz und Medizin. Die bemerkenswerte Brünette hatte verwirrend viele Gesichter: Zu ihren Talenten gehörte ebenfalls, Glas mit einem Diamanten zu gravieren. Auch malte sie Porträts, die teuer verkauft wurden. Als sie auf die Sechzig zuging, trat sie den Labadisten bei. Diese utopistische religiöse Gemeinschaft geriet im 17. Jahrhundert in Europa aufgrund ihrer an die Quäker erinnernden Überzeugungen stark unter Beschuß. Das scherte Anna kein bißchen: Sie gab ihre letzten Münzen den Armen und verbreitete die Ideen des Labadismus – eine Bilderstürmerin bis zum letzten.

Isabella Andreini

Und wenn Königin Elisabeth von England sich höchstpersönlich für das Theater interessiert – Schauspielerinnen sind Nutten, donnerten die Engländer, die Spanier und der Papst. Deshalb übernahmen die Männer sowohl die männlichen als auch die weiblichen Rollen. Eine derjenigen, die dem aufgeblasenen Geschwätz keine Aufmerksamkeit schenkte, war die Italienerin Isabella Andreini. Sie war eine begabte Schauspielerin und Musikerin, schrieb mehrere Theaterstücke, veröffentlichte Gedichte und war in die A[illegible]demie der Künste von Mantua gewählt worden.

andere Weise zollte man ihr Respekt: Ihre Stadt war so stolz auf ihre Talente, daß mehrere Münzen mit ihrem Porträt geprägt wurden – normalerweise ein königliches Privileg. Hinter den Kulissen hatte Frau Andreini noch eben Zeit, sieben Kinder auf die Welt zu bringen. Sie wuchsen glücklich und zufrieden auf – trotz ihres frühen Engagements in der familieneigenen Commedia dell'Arte-Truppe Gelosi, die in Italien und Frankreich auf Tournee ging. Mindestens ein Sohn gründete zu Beginn des 17. Jahrhunderts seine eigene Theatertruppe. Es war schwierig, Isabellas künstlerisches Talent zu übertreffen. Ihre Schwiegertochter Viginia Andreini versuchte es. Sie sang in Stücken ihres Mannes und 1608 die Titelrolle der Arianna in Monteverdis gleichnamiger Oper.

Lavinia Fontana

Künstlerisch tätige Frauen haben sich oft darüber beklagt, daß ihnen im Gegensatz zu den meisten erfolgreichen Männern etwas Wichtiges fehlt: eine Frau. Glückwunsch an Lavinia Fontana in Bologna, Italien, die dieses Problem Mitte des fünfzehnten Jahrhunderts überwand – aber sie erreichte noch viel mehr.

Ihr Ehemann Gian Paolo Zappi, ein Maler mit mehr Geld als Talent, hatte mit Lavinias Vater Prospero zusammen studiert, bevor er dem beliebten Fräulein Fontana einen Antrag machte. Wie auch immer, nach der Hochzeit begnügte Zappi sich damit, Hausmann zu sein. Bevor die beiden den Bund fürs Leben schlossen, hatten sie eine für die damalige Zeit höchst ungewöhnliche Vereinbarung getroffen: Zappi würde die Brut aufziehen und seine bescheidenen Talente darauf verwenden, hin und wieder einen Hintergrund für Lavinia zu malen und einen Rahmen zu fertigen. Lavinia hingegen würde das Geld für die Familie auftreiben. Zappi hätte wahrscheinlich nicht so bereitwillig zugestimmt, wenn er gewußt hätte, daß sich die Nachkommenschaft auf elf Kinder belaufen würde!

Als Frau, die in vielerlei Hinsicht Neuland betrat, brach Lavinia auch aus dem künstlerischen »Glashaus« aus, in das die meisten begabten Malerinnen verdammt wurden, wo sie nur kleinere Arbeiten, Miniaturen und Porträts übernahmen. Sie war eine der ersten, die den Zuschlag für öffentlich geförderte Kunstprojekte wie Altargemälde erhielt. Vor 1570 waren Frauen nur selten mit Aufträgen betraut worden, die ihnen zu Ansehen und Geld hätten verhelfen können. Lavinia bekam für ihre Arbeit ziemlich viel. Die Bezahlung für ihr allererstes Altargemälde belief sich beispielsweise auf 1000 Dukaten – eine gewaltige Menge Geld für ihre Zeit. Im Alter von 37, als sie bereits in ganz Italien berühmt war, erhielt Lavinia ihren ersten großen Auftrag für ein religiöses Gemälde: Sie sollte den Altar in der Kirche von El Escorial, dem riesigen und düsteren Königspalast unweit von Madrid, gestalten. Ihre *Heilige Familie* kam beim spanischen Königshaus äußerst gut an.

Hunderte von Gemälden folgten, und dann, ein Jahrzehnt später, eine weitere Ehrung – sie wurde Hofmalerin des Papstes. Papst Clemens VIII. bat sie, nach Rom zu ziehen und dort weitere Aufträge der Kirche auszuführen. Sie, Zappi und die Kinder zogen in die Ewige Stadt und richteten sich dort häuslich ein. Lavinia malte alles, von mythologischen und historischen Themen bis zu einem riesigen und umstrittenen Altarbild, das an die sechs Meter hoch ist.

Auch wenn Lavinia von Zeit zu Zeit für ihre Arbeiten etwas Kritik einstecken mußte, hatte sie im Grunde ein gutes Leben: Die Leute bewunderten sie, sie wurde in die Akademie der Künste gewählt und hatte sogar eine respektable Antiquitätensammlung. Aber das Leben eines jeden Menschen wird einmal in düstere Farben getaucht. Lavinia traf eine Familientragödie. Ihre jüngste Tochter Leodamia zeigte eine große Begabung als Malerin – ein Potential, das sie nicht umsetzen konnte. Sie starb im Alter von sechzehn Jahren. Acht der elf Kinder von Lavinia und Zappi starben sehr früh – eine schreckliche Statistik, die leider repräsentativ ist für die Kindersterblichkeit im Mittelalter. Selbst die Wohlhabenden waren dabei nicht ausgenommen.

1611 wurde zu Ehren von Lavinia für ihre künstlerischen Leistungen eine Münze geprägt (rund 135 ihrer Arbeiten existieren noch). Fontana brachte es selbst auf 62 volle Jahre, sie wurde in Rom und Bologna gleichermaßen geehrt.

Juliana

Die Engländer hatten schon immer eine Schwäche für Gärten – und für Gärtnerinnen wie Juliana. Im 14. Jahrhundert trug es sich an der berühmten Kathedrale von Ely unweit von Cambridge zu, daß der Bischof dieses Kind mit dem »grünen Daumen« als Obergärtnerin für sein Landgut in Little Downham engagierte. Obwohl sich Juliana wahrscheinlich fast am Ende der gesellschaftlichen Nahrungskette befand, besaß sie den Unternehmergeist, einen Trupp Tagelöhner aus dem Dorf anzuheuern. Zusammen mit ihrem Kompost-Korps pflanzte und erntete sie zu den entsprechenden Jahreszeiten alles, was die Erde so hergab: von Erbsen und Lauch bis zu den verschiedensten Sorten von Früchten und Nüssen. Diese Heilige und ihre schlammige Truppe sind den Dreck unter den Nägeln wohl nie mehr losgeworden. Später, nachdem Juliana ihre Arbeit aufgegeben hatte, versuchten andere Gärtner, auf diesem widerspenstigen Boden einen neuen Garten anzulegen – dabei zerbrachen tatsächlich ihre Schaufeln. Den örtlichen Gerichtsakten zufolge hat sich Juliana nicht nur für Saatgut und Schneckenfallen begeistert. Ihre Einkünfte erlaubten ihr, einige Wiesen und einen Fischteich zu pachten und diverse heimliche Geschäfte mit Grundeigentum abzuwickeln – so wurde sie selbst zu einer etwas zwielichtigen Grundstücksbesitzerin.

Izumo no Okuni

Im 4. und 5. Jahrhundert stand in der Mittelmeergegend eine Art Musical und Tanztheater, das »Pantomime« genannt wurde, ganz oben auf der Hitliste. Elf Jahrhunderte später gab es im Fernen Osten in der Unterhaltungsbranche etwas Ähnliches – und an der Spitze stand eine Japanerin namens Okuni. Sie war Tänzerin und Schauspielerin für religiöse Dramen. Sie nahm ein Engagement zugunsten des Wiederaufbaus eines Schreins an und tourte mit ihrer Theatertruppe durch das Land, um dafür Geld zu sammeln. Unterwegs lernte sie einen bekannten Komiker kennen, den sie von ihrer Idee, Possenspiel und religiöses Drama zu verbinden, erzählte. Daraus entstand Kabuki, das beliebteste japanische Theatergenre der letzten vierhundert Jahre. Kurz danach tat Okuni sich mit einem Samurai zusammen, der ihre originelle Idee durch seine Kenntnisse des klassischen Dramas ergänzte.

Diese Tänzerin und Choreographin hat außerdem die Kabuki-Tradition begründet, daß Schauspieler weibliche Rollen spielen und umgekehrt. Wie stolz konnte diese Frau daherschreiten! Das Publikum und die japanische Königsfamilie verehrten sie und liebten die Kleidung, die sie als Markenzeichen trug – ein schwarzes Priestergewand und ein Paar Schwerter an ihrem Gürtel. Obwohl Kabuki in Japan weiterhin die Zuschauer begeistert, dürfte die Begründerin heutzutage nicht mehr auf die Bühne steigen – männliche Schauspieler übernehmen jetzt alle Rollen.

Sofonisba Anguissola

Die geniale Malerei von Vincent van Gogh hat der zweifelhaften These Vorschub geleistet, große Kunst bedeute großes Leid.

Die Italienerin Sofonisba Anguissola hätte bloß laut aufgelacht. Sie war eine vorzügliche Malerin – zu einer Zeit, in der berühmte Künstlerinnen so selten waren wie tanzende Hunde. Sofonisba genoß internationales Ansehen, erhielt begeisterte Kritiken und enorm hohe Honorare – außerdem hatte sie eine Familie, der sie eng verbunden war, und zwei Ehemänner, die sie liebten. Sie machte viele Reisen und erhielt während ihres über neunzigjährigen Lebens diverse königliche Vorrechte. Mit 80 Jahren wurde sie blind; trotzdem klopften weiterhin berühmte Maler wie Anton Van Dyck an ihre Tür, um sie nach ihrer Meinung zu fragen. Das einzig Traurige an Sofonisbas Leben ist, daß sie kaum in Geschichtsbüchern vorkommt. Dabei hat sie einiges hinterlassen. Über hundert von ihr signierte oder ihr zugesprochene Arbeiten zieren Museen und Privatsammlungen auf der ganzen Welt. 1995 stand sie bei einer Ausstellung und einem Symposium des National Museum of Women in the Arts in Washington D. C. im Mittelpunkt des Interesses.

Wer war diese außergewöhnliche Künstlerin aus Cremona? Sie wurde 1532 geboren und war eines von sieben Kindern, die alle nach berühmten Persönlichkeiten aus der Mythologie oder römischen Geschichte benannt worden waren (der Herr Papa war sehr bewandert in klassischer Literatur). Alle sechs Mädchen studierten Latein, Musik und Malerei und wurden Künstlerinnen. Sofonisba und Lucia (die jung starb) hielt man für die Talentiertesten. Nach dem Studium bei zwei Porträtmalern hatte Sofonisba genug Erfahrung, um drei ihrer Schwestern zu unterrichten. Sofies stolzer Papa unterstützte sie weiter und pries ihre Talente sogar in einem Brief an den bereits in die Jahre gekommenen Michelangelo. Dies führte zu einer regen Korrespondenz: »Malen lernen per Fernstudium« sozusagen. Michelangelo schickte ihre Zeichnungen, die Sofonisba dann kopierte und an ihn zurückschickte, damit er sie beurteilte. Sofonisba wurde sehr schnell zu einer reifen Künstlerin. Als Siebenundzwanzigjährige schnappte sie sich ihren ersten gut bezahlten königlichen Auftrag; sie wurde von König Philipp II. als Hofmalerin engagiert. An dessen Hof verbrachte sie einige Jahre. Man bezahlte ihr ein legendäres Honorar für ihre Arbeit und sandte überdies ihrem Vater eine fürstliche Pension von 800 Lira im Jahr. Bei Hof in Madrid lernte sie den sizilianischen Fürsten Fabrizio de Moncada kennen und lieben. Wie es sich für eine romantische Geschichte gehört, bezahlten ihre königlichen Auftraggeber die Hochzeit und statteten Sofonisba mit einer satten Mitgift aus – obwohl das Paar nach Palermo zurückging.

Vier Jahre später starb ihr Ehemann. König Philipp, der immer noch ohne neuen Hofmaler war, bot der Witwe Anguissola erneut den Posten an. Als die Malerin jedoch per Schiff nach Spanien unterwegs war, verliebte sie sich in den Kapitän des Schiffes. Sie und Kapitän Orazio heirateten in Genua und lebten anschließend halb in Italien, halb in Sizilien.

Zu den von Sofie bevorzugten Motiven gehörte ihr eigenes Gesicht. Sie erreichte schließlich in ganz Europa einen solchen Bekanntheitsgrad, daß sich die Kunden um ihre Selbstporträts nur so rissen. Einer ihrer Fans schrieb: »Ich möchte nichts lieber als das Bild der Künstlerin selbst. So kann ich zweifach Großartiges ausstellen, zum einen ihr Werk und zum anderen die Künstlerin.«

Sofonisba gab solchen Schwärmereien im Grunde wenig Nahrung. Sie kleidete sich schlicht und ohne jeglichen Firlefanz. Sie unterstrich eher ihren Grips als ihr Äußeres. Die Historikerin Mary Garrard betont, daß Sofonisbas Familienpoträts – vor allem das Bild von ihren drei Schwestern, die Schach spielen, als deutliches Symbol für intellektuelle Aktivität – unaufdringlich, aber unmißverständlich auf die patriarchalische Heuchelei ihrer Zeit hinwiesen. Auch wenn die meisten ihrer Werke in Spanien durch ein Feuer zerstört wurden, gibt es noch zahlreiche Selbstporträts von Sofonisba – die faszinierende Studie einer absolut scharfsichtigen jungen Frau, die sich in eine großartige Mich-legt-ihr-nicht-aufs-Kreuz-Greisin verwandelte.

Sabina von Steinbach

Manchmal muß ein künstlerisch begabtes Mädchen das Eisen schmieden, so lange es noch heiß ist – oder bevor der Leichnam kalt wird. Als gegen 1300 inmitten des Doms von Straßburg der Bildhauermeister starb, stürzte Sabina von Steinbach nach vorn. Sie war Steinmetzin und Bildhauerin und stand ganz ihre Frau. Vermutlich erhielt sie den Auftrag, die Arbeit des verstorbenen Meisters zu übernehmen, und vollendete die Skulpturen, die noch heute den Dom von Straßburg zieren. In einer Schriftrolle in der Hand der Statue des Heiligen Johannes steht auf lateinisch: »Dank der gottgefälligen Frömmigkeit dieser Frau, Sabina, die mir aus dem harten Stein Form verliehen hat.« Nachdem die Historiker diese Geschichte von der hartgesottenen Retterin über Jahrhunderte haben gelten lassen, glauben sie heute, daß die Sabina, auf die in der Inschrift Bezug genommen wird, die Geldgeberin und nicht die Künstlerin war. Nun gut. Dann haben wir also jetzt zwei Sabinas. Eine Gönnerin, die für die Statuen bezahlt hat, und eine hart arbeitende weibliche Steinmetzin (ihr Name taucht in den Kirchenakten auf), die durch ihre höchst anstrengende körperliche Arbeit ebensoviel zur Vollendung des Doms beigetragen hat. Ich würde sagen: großen Applaus für beide.

Kapitel Zwei

Scharfe Äxte, wilde Raubzüge

Wu Zhao

Im 7. Jhdt. n. Chr. war es in China schwieriger, eine erstklassige Konkubine zu werden, als den schwarzen Gürtel zu erhalten. Also, von nun an geht's bergauf, dachte sich Wu Zhao, eine vierzehnjährige Einsteigerin unter den unzähligen Konkubinen am Hof des Kaisers T'ai Tsung. Vom Glück als geschickte Mörderin ebenso begünstigt wie durch ihr Aussehen, sollte dieses aufgeweckte Ding schon bald ordentlich Karriere machen.

Zunächst lenkte sie die Aufmerksamkeit des Sohnes des Herrschers, Kao Tsung, auf sich – ein exzellenter Schachzug, da der alte T'ai Tsung nach wenigen Jahren verstarb. Seine Konkubinen landeten geradewegs im Kloster, nicht jedoch unsere Wu, die jetzt ihren schwarzen Gürtel für Erotik bekam. Weitere Auszeichnungen folgten, nachdem sie dem neuen Kaiser Kao einen Sohn geboren hatte. In dieser Zeit wurde Wu Zhao dreißig, sie hatte die Nummer eins unter den Konkubinen von ihrem Platz verdrängt und drohte nun sogar, der Kaiserin ihren Rang streitig zu machen.

Wu verlieh dem Ausdruck »schamlose Opportunistin« einen Glanz, den er bis zu diesem Zeitpunkt niemals besessen hatte. Nicht nur, daß sie ständig erwähnte, dem Kaiser einen Erben geschenkt zu haben – sie wurde auch nicht müde, darauf hinzuweisen, daß dies der Kaiserin nicht gelungen war. Die Kaiserin sowie die ehemalige erste Konkubine waren darüber so empört, daß sie ein Komplott gegen Wu schmiedeten. Da das als Straftat galt, war es für Wu Zhao ein Kinderspiel, die beiden ins Gefängnis zu stecken und ohne Aufsehen ermorden zu lassen. Dank einiger klug eingefädelter Bestechungsaktionen wurde Wu mit einunddreißig Kaiserin. Sie feierte dieses Jubiläum, indem sie das erste »Verschwinden« einer Person anordnete. Schon bald waren sämtliche Konkubinen, kritische Familienmitglieder und hohe Persönlichkeiten, die sich in irgendeiner Form nicht mit ihr einverstanden gezeigt hatten, von einem solchen Befehl betroffen. Im Jahr 660 n. Chr. war das Glück noch einmal auf ihrer Seite: Ihr leicht debiler, aber sie heiß liebender Ehemann Kao bekam Polio. Wu Zhao schwang sich auf den Herrscherthron, entzückt darüber, den Krieg mit Korea in die Hand nehmen zu können. Sie befahl eine Invasion vom Meer aus und annektierte das Land bald darauf für China. Wu war gnadenlos, aber sie wußte zu regieren. Ihr anfänglich brutales Vorgehen brachte China jahrzehntelangen Frieden. Sie tat einiges, was die Massen begeisterte: Sie verbesserte die Verwaltung, baute neue Krankenhäuser und Gebäude in der Hauptstadt, führte eine Gesundheitsfürsorge für Geisteskranke ein und senkte, was immer gut ankommt, die Steuern.

Aber die Heilige zu spielen, entsprach auf Dauer nicht ihrem Wesen. Nachdem ihr Gatte im Jahr 684 gestorben war, nahm sie sich einen Handlungsreisenden für Schönheitstinkturen zum Liebhaber. Trotz ihrer Unterstützung brachte es dieser Kandidat jedoch nicht einmal zum Priester oder zum Kommandanten. Schließlich verlor Wu die Geduld und griff auf ihre altbewährte Methode zurück: Wenn's nicht klappt, weg damit.

Sie versuchte es mit den Chang-Brüdern, die sie wohl beide zu ihren Bettgenossen machte. Oder auch nicht, denn immerhin war sie jetzt fast 71. Auf jeden Fall schmiedeten die Brüder Pläne, ihre Nachfolge anzutreten – das löste den einzigen Putsch in der fünfzigjährigen Regierungszeit von Kaiserin Zhao aus. Ironischerweise ermordeten die Putschisten die Chang-Brüder und setzten Wus Sohn (den sie 690 ebenfalls zur Seite geschubst hatte) auf den Thron.

Auch recht, dachte unser schwarzer Gürtel. Die bemerkenswerteste Frau, die China je an der Spitze seines Reiches sehen würde, setzte sich zur Ruhe, widmete sich ihren Enkelkindern und entschlief einige Monate später in ihrem Sommerpalast. Ihr Enkel nutzte den Frieden, den Wu Zhao ihrem Land als Vermächtnis hinterlassen hatte: Unter seiner Herrschaft notiert die Blütezeit von Kunst, Dichtung und Kultur der T'ang-Zeit.

Olga & Tamara

Und nun zu ein paar Frauen, die in der frühen Geschichte des heutigen Rußland kräftig mitgemischt haben (kleiner Tip: Dr. Schiwagos Schätzchen Lara, Katharina die Große und Anna Karenina sind *nicht* gemeint). Es waren in der Regel Männer, die über dieses Stückchen Erde zwischen Europa und China regierten, aber Olga und Tamara waren zwei glanzvolle Ausnahmen. Wie sich zeigen wird, spielten beide bei der Christianisierung von Mütterchen Rußland eine beachtliche Rolle.

Etwa im Jahr 945 hatte ein russisches königliches Energiebündel namens Olga einen bösen Schlamassel am Hals. Barbaren hatten ihren Gatten König Igor umgebracht. Als neue Herrscherin verfolgte sie systematisch die verschiedenen Rebellengruppen und vernichtete sie. Sie ging dabei sehr geschickt vor, so daß die Übriggebliebenen große Angst vor ihr hatten. Den ersten Trupp Gefangener ließ sie bei lebendigem Leibe begraben, den zweiten verbrühen. Anschließend nutzten sie und ihre Armee die altehrwürdigen Schwerter und Belagerungstaktiken, um Ordnung zu schaffen. Als sich der Rauch gelegt hatte, waren die Untertanen willens, Olga regieren zu lassen. Und im Jahr 955 griff sie dann auch richtig durch und führte die Griechisch-Orthodoxe Kirche in ganz Rußland ein (keine Frage, daß Bauern wie Aristokraten sich darauf einlassen mußten).

Zwei Jahrhunderte später co-regierte die zweiundzwanzigjährige Tamara Georgien, jenes herrliche wilde Land zwischen dem Schwarzen und dem Kaspischen Meer. Sie und ihr Vater waren ein gutes Gespann: Sie erhielt als auszubildende Monarchin einen neuen Namen, »der Berg Gottes«, und vom Papa Georg eine Menge Lektionen über das

Regieren. Sie lernte, wie man Rebellen den Mund stopft und so weiter.

Mit 28 wurde sie Alleinherrscherin. In früheren Zeiten hatte man in diesem Teil der Welt matriarchalische Gottheiten angebetet, so wurde Tamaras Herrschaft allgemein akzeptiert. »Die Jungen eines Löwen sind immer Löwen, egal ob sie Männchen oder Weibchen sind«, lautet eine Zeile in einem berühmten russischen Gedicht. Dieser Gedanke läßt sich gut auf Tamara übertragen.

Ihre Majestät verschliß ein paar Ehemänner, bevor sie an einen geriet, der schließlich eine ausreichende Anzahl von Spermien besaß, um Erben zu zeugen. Als Dank dafür machte sie ihn zum Mitregenten, allerdings nur auf Zeit.

Ebenso wie ihre Vorgängerin Olga war Tamara eine überzeugte Christin. Sie setzte sich in den Kopf, die wertvollste aller Reliquien für das russische Georgien zu erwerben. Und welche Reliquie konnte das wohl sein? Das Heilige Kreuz, natürlich. Sie hatte soeben vernommen, daß der arabische Superritter Saladin, der mit seinen Truppen die Kreuzritter aus dem Heiligen Land vertrieben hatte, ein großes Stück davon sein eigen nannte. Also bot Tamara ihm 200000 Dinar dafür. Saladin sagte njet. Die verstimmte Tamara ließ daraufhin prächtige Gebäude bauen und läutete das Goldene Zeitalter für Georgien ein. Ihr noch verstimmterer erster Ex-Ehemann versuchte mehrmals wie ein Wahnsinniger, sie zu entmachten, aber es gelang ihm nicht. Das weibliche Löwenjunge herrschte 34 Jahre lang und begründete eine russische Dynastie, die zweieinhalb Jahrhunderte regierte.

Aethelfled

Mutter zu sein, ist in Ordnung, dachte sie. Aber die Geburten sind die Hölle. Kaum war die erste Tochter auf der Welt, sagte sie recht freundlich zu ihrem Gatten Ethelred: »Diese Nacht nicht und überhaupt nie wieder, Liebling.« Sie verschrieb sich der Keuschheit. Anders als andere bekannte Königspaare arbeitete dieses Duo im England des 9. Jahrhunderts richtig zusammen. Aethelfled konnte nicht genug vom Kämpfen kriegen, die beiden zogen oft gemeinsam mit gezückten Schwertern in die Schlacht. Anlaß gab es ja genug: In dieser Zeit war die Insel ein regelrechtes Wespennest von kleinen, sich bekämpfenden Königreichen. Aethelfleds Vater, der als Alfred der Große in die Geschichte eingegangen ist, hatte die meiste Zeit seines Lebens damit verbracht, gegen die Dänen zu kämpfen, die alles daransctzten, sein Königreich nach allen Regeln der Kunst zu plündern und auszuräuchern. Nachdem ihr Vater und ihr Ehemann gestorben waren, verstärkte sich ihre Kampfeslust. Es gelang ihr, eine Art Frieden zwischen den streitenden Mercianern im Zentrum des Landes zu schaffen; als Dank wurde sie zur »Herrscherin von Mercia« ernannt. Mit Vierzig begann dieser englische Workaholic damit, acht Jahre lang Festungen zu bauen, ihre Truppen nach Wales zu führen, um ihren Bruder Edward militärisch zu unterstützen, Allianzen zwischen den gleichermaßen starrköpfigen Briten, Schotten und dänischen Wikingern auszuhandeln. In einer Verschnaufpause eroberte sie die strategisch wichtigen Städte Derby und Leicester.

Am Ende galt Aethelfled als ungekrönte Herrscherin über die Dänen und die Mercianer. In Anbetracht der Tatsache, daß es bis dahin mit der weiblichen Note so gut geklappt hatte, erwarteten alle irgendwie, daß Aethelfleds Tochter die nächste Herrscherin werden würde.

Als es Aethelfled schließlich im Jahr 918 in einer Schlacht bei Stratfordshire erwischte, erbte Tochter Aelfwyn tatsächlich die Krone. Zehn Minuten später jedoch hatte ihr Onkel Edward plötzlich »vergessen«, wieviel militärische Unterstützung seine Schwester ihm hatte zuteil werden lassen: Er stieß die weibliche Erbin Aelfwyn vom Thron und machte sich selbst zu König Edward.

Ng Mui & Yim Wing Chun

Ng Mui lebte in China zur Zeit der Ming-Dynastie, die für Vasen und andere Kostbarkeiten berühmt ist. Diese Zeiten waren für Nonnen weitaus härter als für Porzellan. Aufgrund politischer Unruhen wurden die Ordensträger und -trägerinnen in- und außerhalb ihrer Klöster ständig von Banditen überfallen. Um zu verhindern, daß sich die Zahl der Geistlichen bedrohlich verringerte, beschäftigten sich die Mönche und Nonnen mit Kampfsportarten. Die Nonne Ng entwickelte ihren eigenen Boxstil, das Shaolin-Tempel-Boxen. Ihre beste Schülerin war eine Nonne namens Yim Wing Chun. Sie schuf ihre eigene Kampfsportart, die nach ihr Wing-chun genannt wurde und noch heute vielerorts unterrichtet wird. Wing-chun wurde durch keinen geringeren als Bruce Lee, die Legende des Kung-Fu, berühmt.

Raziya

Zu Zeiten, als es in Indien Sitte wurde, daß Frauen Schleier trugen, in Harems lebten und sich der Brauch des *suttee* durchsetzte (Frauen wurden zusammen mit ihren verstorbenen Männern bei lebendigem Leib auf einem Scheiterhaufen verbrannt), tauchte Raziya auf. Wie ihr herrschender Vater liebte sie es zu regieren. 1236 wurde sie Sultanin von Delhi – dem zu dieser Zeit mächtigsten Staat in Nordindien.

Ihr Vater Iletmisch hatte sich bei der Gestaltung seiner Karriere auch nicht gerade dumm angestellt. Von Geburt her ein Sklave, hatte er die Herrschaft über Delhi inne, als bedeutendster Sultan der moslemischen Sklavendynastie (damit prahlten zumindest seine »Pressereferenten«). Im »Wer wird der nächste Sultan«-Rennen lag Raziya recht früh vorn. Die Tatsache, daß ihre beiden Brüder geistig beschränkte Partylöwen waren, erhöhte natürlich ihre Chancen.

Es war keine einfache Zeit für einen Herrscher in Indien –

aber war das jemals anders? Die beiden größten moslemischen Sekten – die orthodoxen Sunniten und die radikaleren Schiiten – gingen sich ständig gegenseitig an die Kehle. Raziya versuchte, sich aus den Streitereien herauszuhalten. Aber wie dann auch E. M. Forster Jahrhunderte später schrieb: Das ist unmöglich. Letzten Endes unterstützte sie die Sunniten. Dabei bestand sie jedoch darauf, daß die Anhänger der verschiedenen Glaubensrichtungen vor dem Gesetz alle gleich seien. Es war eine Politik, die die Mitglieder sämtlicher Sekten in Delhi auf die Palme brachte.

Unterdessen richtete Raziya ihre Aufmerksamkeit auf konstruktivere Tätigkeiten wie Brunnen- und Straßenbau. Sie prägte ihr eigenes Geld und bemühte sich um Handelsabkommen, die Delhi fürs erste aus den roten Zahlen herausbrachten. Als wohlerzogene Frau konnte Raziya Teile des Korans rezitieren und mit ähnlich großer Geste Gedichte verfassen. Sie ließ unzählige Schulen und Bibliotheken bauen und unterstützte eifrig die schönen Künste.

Vier Jahre lang vollzog sie als Herrscherin einen regelrechten Balanceakt. Wenn es sein mußte, setzte sie ihre Vorstellungen gelegentlich auch mit Waffengewalt durch. Dann waren jedoch ihre inzwischen zahlreichen Feinde am Drükker: Sie entthronten die Sultanin und warfen sie ins Gefängnis – wozu wahrscheinlich ihr Palast diente.

Raziya, die in jeder Situation wußte, was sie tun sollte (selbst in Fußschellen), brachte ihre ganzen Verführungskünste zum Einsatz. Da sie wußte, daß es schwierig sein würde, ihren Kerkermeister (der gleichzeitig auch ihre Kavallerie befehligte) zu überreden, sie freizulassen, schlug sie ihm statt dessen vor, sie zu heiraten. Ob aus Verblendung oder geistiger Verwirrung, er willigte ein. Anstatt jedoch in die Flitterwochen zu fahren, trommelten die beiden hastig ihre Armee für den großen Showdown zusammen. Die Berichte von Historikern aus dieser Zeit sind, gelinde gesagt, widersprüchlich. Allerdings stimmen sie darin überein, daß Raziyas Versuch, 1240 erneut an die Macht zu kommen, scheiterte. Ihre letzten Stunden hätten wohl Stoff für einen dramatischen Spielfilm abgegeben. Sie führte ihre Soldaten auf einem riesigen Elefanten reitend an. Ihr unverschleiertes Gesicht löste Wellen des Abscheus bei den gegnerischen Truppen aus. Sie wurde während der Schlacht entweder von Hindus getötet, die von den Türken unterstützt wurden, von den weiterhin radikalen Schiiten oder von ihrer eigenen unloyalen Armee.

Mit dem Tod dieser mutigen Herrscherin, die so viel gesunden Menschenverstand gezeigt hatte und weltweit die erste Frau an der Spitze eines moslemischen Staates gewesen war, begann eine lange Auszeit für Herrscherinnen auf dem indischen Subkontinent. Bis sich 1966 Indira Gandhi an die Spitze des indischen Staates stellte (1988 erhielt sie von der pakistanischen Ministerpräsidentin Benazir Bhutto Gesellschaft). Da stand auf dem Schild zur Herrschertoilette wieder »Damen«.

Die Schwarze Hofmännin

Verglichen mit anderen Kriegen, haben der Bauernkrieg im 16. Jahrhundert und die Schwarze Hofmännin, die »deutsche Johanna von Orléans«, wenig Aufmerksamkeit erhalten. Zu Beginn des Jahrhunderts begeisterten sich die Bauern in ganz Europa für die Reformation und die Botschaft Martin Luthers. Die Vorstellung, die Kardinäle und Priester aus ihrem Amt zu vertreiben, bedeutete für sie die Hoffnung auf eine bessere wirtschaftliche und soziale Zukunft.

In den zwanziger Jahren des 16. Jahrhunderts, kurz nachdem Luther aus der katholischen Kirche geworfen worden war und die Reformation in Deutschland ins Rollen kam, begannen einfache Bauern aus dem Süden Deutschlands und Österreichs, auf den Putz zu hauen und forderten naiv aber bestimmt das Ende der Leibeigenschaft.

Wer stand wohl dabei in der ersten Reihe? Ein wildes Weib, das sich selbst Schwarze Hofmännin nannte. Sie stammte aus einem Dorf in der Nähe von Heilbronn – ein Mädchen voll kühner Ideen und Begeisterung für die Revolution. Die Dorfbewohner vermuteten, sie besäße Zauberkräfte oder sei gar eine Hexe. Auf jeden Fall waren die Führer der Bauernarmee sehr froh darüber, die Schwarze Hofmännin an ihrer Seite zu haben, damit sie die Truppen motivierte. Nach jahrhundertelanger Unterdrückung hatten Frau Hofmännin und die Bauern von den »oberen Zehntausend« die Schnauze gestrichen voll. Die Schwarze Hofmännin hatte eine besondere Abneigung gegen die feine Heilbronner Damenwelt. Angeblich hatte sie gesagt, daß es großen Spaß machen müßte, deren Kleider aufzuschlitzen, sie sähen dann aus wie eine Herde gerupfter Gänse.

Die Schwarze Hofmännin und ihre »Muntere Bande« aus 8000 mit Mistgabeln bewaffneten Bauern und Bäuerinnen zogen bald den Bewohnern von Weinsberg und Heilbronn die Hosen runter. Sie enteigneten Gutsbesitzer, setzten die Bürgermeister ab und machten die Städtchen zu offiziellen Hauptquartieren des Bauernkrieges.

Mit diesem Paradies des einfachen Volkes war es jedoch bald zu Ende. Martin Luther, der eifrig mit seiner eigenen Tagesordnung beschäftigt war, arbeitete hinter den Kulissen: Er stachelte die deutschen Fürsten an, den Arme-Leute-Aufstand zu beenden. Er riet ihnen sehr direkt, die Bauern niederzumetzeln, wo und wie immer sie den Herrschern und ihren Armeen über den Weg laufen.

Wir wissen nicht, was nach 1525 mit der Schwarzen Hofmännin passiert ist – aber wir wissen, daß Luther sich selbst ausgetrickst hat. Der Bauernkrieg und sein Ausgang haben die Reformationsbewegung in diesen Gebieten ziemlich unbeliebt gemacht. Bis zum heutigen Tag ist Süddeutschland, wie man weiß, vorwiegend katholisch.

Brunhilda & Fredegunde

Wer sagt, daß es nur zwischen Männern richtige Fehden geben kann? Mal ganz im Ernst: Im 6. Jahrhundert führten die Königinnen Brunhilda und Fredegunde einen über vierzig Jahre dauernden Kleinkrieg mit soviel Testosteron, daß man heute noch mit dem Kopf schüttelt.

Auch zu Zeiten von Brunhilda und Fredegunde war man sich manchmal nicht darüber einig, wie man die Region, in der man lebte, nennen sollte. Einige nannten das Gebiet »Fränkisches Reich«, andere das »merowingische Gallien«. Die Angelegenheit machte die Bewohner ziemlich nervös. In Europa hatten sich noch nicht die einzelnen Länder herauskristallisiert; es war immer noch ein brodelnder Schmelztiegel verschiedener Kulturen.

Die aufstrebende Fredegunde hatte ihr Leben als Dienerin im Königspalast begonnen. Irgendwann ist sie dann in König Chilperichs Bett gelandet. Als Überredungskünstlerin hatte sie dafür gesorgt, daß ihr Liebhaber Ehefrau Nummer eins abschob und Nummer zwei umbrachte. Sie selbst triumphierte als Ehefrau Nummer drei. Da Fredegunde eine sehr aktive Frau war, machte sie es sich gerne zur Aufgabe, für Chilperich einige persönliche Probleme zu lösen. Einen Bischof bestechen? Kein Problem. Einen Verwandten umbringen? Klar. Obwohl sie auf zuverlässige Unterstützung durch qualifizierte Handlanger zählen konnte, erledigte Fredegunde das eine oder andere persönliche Problem gerne selbst mit einer Axt.

Brundhilda hingegen entstammte einer blaublütigen spanischen Barbarenfamilie. Die Beziehung der Familienmitglieder untereinander war, gelinde gesagt, etwas verwirrend. Brundhildas und Fredegundes Wege kreuzten sich, weil ihre Ehemänner Halbbrüder waren. König Chilperichs Ehefrau Nummer zwei, die Fredegunde zu Gefallen umgelegt worden war, war zufällig Brunhildas Lieblingsschwester gewesen. Scherte das Fredegunde irgendwie? Frank und frei gesprochen, nein. Denn sie war damit beschäftigt, Erben zu gebären. Außerdem belegte sie die Untertanen mit hohen Steuern und befahl die Ermordung einer aufsehenerregenden großen Zahl von aufsässigen Angestellten.

Die beiden Königinnen trafen zu verschiedenen Anlässen aufeinander – verbal und im Krieg. 597 jedoch machte Fredegunde dem Spaß ein Ende, als sie eines natürlichen Todes starb. Die darüber sehr bestürzte Brunhilda kämpfte weiter und tötete so viele Familienmitglieder ihrer Widersacherin, wie sie nur konnte. Im Jahr 613 hatte Chlothar II., eines der wenigen Kinder, die in Fredegundes Familie noch am Leben waren, Königin Brunhilda auf dem Schlachtfeld erwischt. Er und seine Armee zwangen die Königin, auf einem Kamel durch die laut höhnende Truppe zu reiten. Als wäre das in ihrem Alter nicht genug Erniedrigung, befahl er, sie in Stücke reißen zu lassen – ganz die Mutter, möchte man meinen.

Katharina Sforza

Sie wurde »Mannweib«, »Bastard« und »Tochter des Lasters« genannt – und das waren noch die netteren Spitznamen. Katharina Sforza wurde ihrem schlimmsten Ruf gerecht, konnte sich aber gleichzeitig auch von ihm reinwaschen. Die mörderische Italienerin aus Forlì hatte ein hübsches Gesicht, das den Straßenverkehr zum Erlahmen bringen könnte, und einen scharfen Geist, der vor nichts Halt machte.

Auch war sie dem einen oder anderen Gemetzel gegenüber nicht abgeneigt. Noch bevor sie ihren ersten Mann kennenlernte, stand sie 1483 auf dem Schlachtfeld, um seinen Grund und Boden in Forlì im Nordwesten Italiens zu verteidigen. Sie vergrößerte bald ihren Landbesitz indem sie sich mit dem Papst, anderen Nachbarn und Fremden, etwa den Franzosen, anlegte. Katharina kämpfte oft auf einem Pferd sitzend. Sie stieg nur ungern wegen einer Schwangerschaft ab und ließ sich gerade genügend Zeit, um acht Kinder von verschiedenen Liebhabern und Ehemännern zu gebären. Nicht, daß sie ihrer Nachkommenschaft oder ihren Liebhabern besonders viel Aufmerksamkeit geschenkt hätte: War ein Kind einmal untergebracht, sagte diese Furie: »Behalt es – ich kann immer wieder neue machen.«

Zu ihren friedlicheren Beschäftigungen gehörte es, in ihrer Hexenküche Cremes, Zaubertränke und gelegentlich ein nicht nachweisbares Gift herzustellen. Abgesehen davon kreierte diese frühe Estée Lauder ihre eigenen Parfüms und schrieb sogar ein Buch darüber.

Außerdem war sie in einer Zeit heftigen Antisemitismus' eine kluge und tolerante Herrscherin. Nachdem sie ihre Beamten niedergebrüllt hatte, nutzte sie ihren Einfluß, um jüdische Bankleute nach Forlì zu bringen. So ermöglichte sie dort angesiedelten Unternehmen, Kredite aufzunehmen. 1508 übernahm ein Mädel mit viel Unternehmergeist, die sich selbst »Anna die Hebräerin« nannte, die Rolle der Avon-Beraterin für die Feuchtigkeitscremes liebende Königin. Zusammen mit einem persönlichen Brief an Katharina sandte Anna ihr Proben einer neuen schwarzen Aloe-Creme, die die Haut weicher machen sollte. Da die Menschen dieser Zeit gerne überall Gift vermuteten, schrieb sie dazu: »Die Salbe soll etwas bitter sein – wenn sie in den Mund gelangt, ist das nicht weiter schlimm ...«

Wenn diese hypernervöse Berühmtheit ihre Produktlinie kaufen würde, überlegte Anna bei sich, würde ihr Erfolg phänomenal sein – außerdem könnte der Kontakt sehr hilfreich für die örtliche jüdische Gemeinde sein. Immerhin hatte Bianca Capelle, der kosmetikverrückte Drachen unweit von Forlì, die Juden in Florenz vor dem Raußschmiß bewahrt.

Schöne Idee, schlechter Zeitpunkt: Annas Brief kam in dem Moment an, als Katharina gerade von Papst Alexander VI. in einer Schlacht um ihr Land niederschmetternd geschlagen worden war. Und die Niederlage war schon schlimm genug. Katharina landete aber auch noch für ein Jahr im Gefängnis, wo sie von den Soldaten der päpstlichen Armee brutal mißhandelt wurde.

Selbst Annas beste Cremes konnten der nun gebrochenen Frau nicht weiterhelfen. Die einst so tatkräftige Siegerin in Forlì schlaffte zur Nonne ab. Ihr Land überließ sie dem Papst und seinem machtgierigen Sohn Cesare Borgia.

Lange nachdem der gemeine Sieg des Papstes vergessen war, lebte die Erinnerung an die faszinierende Katharina Sforza weiter. Ihren Verdiensten als Amazonen-Kriegerin zu Ehren ist die dominanteste Figur beim Schach seit Katharinas Lebtag die Dame. »Wenn ich alles niederschreiben könnte, würde die Welt zu Stein erstarren«, schrieb Katharina Sforza aus ihrer Gefängniszelle in Rom an ihren Lehrer.

Gráinne Mhaol

Die keltische Sprache ist voll poetischer Wörter wie *twyllforwyn* (»falsche Jungfrau«), so daß die Irländer im 16. Jahrhundert kein Problem damit hatten, ihr Talent an Namen wie Gráinne Ni Maille auszuprobieren. Sie hieß aufgrund ihres Sinead-O'Connor-Looks mit Spitznamen *mhaol* (»geschorener Kopf«).

Die Engländer hingegen nannten sie Grace O'Malley, hatten aber auch weniger neutrale Namen für sie parat. Nur wenige mittelalterliche Frauen mit einem Sinn für Abenteuer machten als Seeräuberinnen Karriere. Grace schon – und zwar nicht zum eigenen Vorteil, sondern für einen guten Zweck. Fünfzig Jahre lang führte dieses Mädel aus Connacht tatkräftig den maritimen Unabhängigkeitskampf der Iren gegen die Engländer an.

Gráinne heiratete einen O' Flaithbheartaigh (oder einfacher O'Flaherty) aus dem Mayo-Clan und bekam drei Kinder. 1558 geriet sie in stürmische Gewässer, als ihre unerschrockene englische Gegenspielerin Elisabeth Tudor den Thron bestieg. Die Engländer begannen, sich heftig in die innenpolitischen Angelegenheiten Irlands einzumischen. Gráinnes Ehemann, ein für sie unbequemer Zeitgenosse, wurde umgebracht. Gráinne zog sich auf ihre Burg in Clew

Bay zurück, um ihre Truppen neu zu formieren. Sie war besessen davon, den verdammten britischen Schiffen den Garaus zu machen. Acht Jahre später nahm sie sich eine romantische Verschnaufpause und heiratete Iron Richard Bourke, ebenfalls ein irischer Anführer. Mehr oder weniger nebenbei gebar sie den gemeinsamen Sohn Tibbot, wahrscheinlich an Bord eines Schiffes.

Gráinne wollte die Engländer um jeden Preis bekämpfen – und besiegen. Nach ein paar Schlappen verbrachte sie zwei Jahre im Gefängnis, stürzte sich aber 1579 erneut ins Schlachtgetümmel. Die Engländer versuchten alles, um sie zum Rückzug zu zwingen; schließlich nahmen sie ihren Sohn Tibbot und ihren Bruder als Geisel.

Königin Elisabeth ihrerseits war es leid, gegen die Iren zu kämpfen, die nicht kleinzukriegen waren, und sich ständig deren Forderungen nach Unabhängigkeit anzuhören. Deshalb begnadigte sie Gráinne im Jahr 1588. Einige Monate später jedoch standen die Briten in voller Kriegsmontur an Gráinnes Burgtor. Fünf Jahre später hatte sie die Schnauze voll und entschied sich, der hinterhältigen anti-irischen Politik den Riegel vorzuschieben. Sie machte sich auf, um bei der Königin vorzusprechen in der Hoffnung, mit ihr zu einer Übereinkunft zu gelangen. Während des Gipfeltreffens taxierten sich die beiden Frauen unentwegt. Sie sprachen Lateinisch und ein wenig Walisisch, was Königin Liz von ihrer lebenslangen Begleiterin Blanche Perry gelernt hatte. Selbst mit ihrem geschorenen Kopf überragte Gráinne Elisabeth, die durch eine Perrücke etwas aufgeplustert aussah.

Irgendwann mußte sich Gráinne die Nase putzen. Man gab ihr ein Taschentuch. Sie benutzte es und warf es ins Feuer. Als Liz ihr sagte, es hätte eigentlich zur erneuten Benutzung gewaschen werden sollen, entgegnete Gráinne naserümpfend, daß man in Irland höhere hygienische Maßstäbe gewöhnt sei. Trotz dieser Anmache war Königin Liz von Gráinne Mhaol beeindruckt. Sie befahl erneut, daß man die irische Anführerin in Ruhe ließ. Ihr Sohn und ihr Bruder sollten freigelassen werden, und Gráinne sollte eine Rente gewährt werden. Wie vorauszusehen war, wurde den meisten dieser Befehle nicht entsprochen, und die Situation wurde erneut brenzlig. Gráinne steckte mittendrin, während sich die Gegner das große Gemetzel lieferten. Nach der endgültigen Niederlage der Iren in der blutigen Schlacht von Kinsale mußte Gráinne, dieses lebendige Symbol für den leidenschaftlichen Unabhängigkeitsdrang der Iren, noch zwei Jahre an der bitteren Pille der Niederlage würgen, bevor sie, wie Königin Elisabeth, im Jahr 1603 starb.

Amalsuntha

Amalsuntha, die Tochter des ersten Ostgoten-Königs von Rom, mag zwar von Haus aus Barbarin gewesen sein, sie war jedoch nicht dumm. Sie liebte die Literatur, sprach Latein, Griechisch und Gotisch. Nachdem ihr Herr Papa an Ruhr verschieden war, wurde sie von einem Tag zum anderen Herrscherin über das Römische Reich, zu dem Italien und die reichen Inseln Sizilien, Sardinien und Korsika (»Besitz« ihres zehnjährigen Sohnes Atalaric) gehörten.

Als Regentin war Königin Amalsuntha durchaus überzeugend, aber sie hatte noch höhere Ziele: die friedliche Transformation einer barbarischen Nation in eine gemäßigte und zivilisierte Gesellschaft. Um den Goten (die immer noch am Tisch rülpsten und mit Messern in ihren Zähnen herumstocherten) die Vorzüge von Erziehung nahezubringen, erweckte sie das Schulsystem der Römer zu neuem Leben. Ihr Sohn sollte zum nationalen Musterschüler werden. Atalarics intellektuelle Höhenflüge verärgerten jedoch die Adligen. Sie verwarfen den intellektuellen Lehrplan und verordneten dem Kind Reit-, Fecht- und Kampfstunden. Des weiteren sollte er lernen, wie man mit einem Messer in den Zähnen herumstochert. Im Alter von achtzehn Jahren starb der verwirrte Atalaric an Selbstzweifeln, Tuberkulose und Alkoholmißbrauch.

Die Frau Mama setzte ihre Alleinherrschaft fort und suchte unterdessen nach einer angemessenen ehelichen Verbindung, um dem inzwischen lästig werdenden Anti-Dame-Spiel der Goten ein Ende zu setzen. Ihr Cousin Theodahad schien dafür geeignet; er war nicht nur der einzige verbleibende männliche Erbe, sondern besaß darüber hinaus mehr Land als jeder andere. Vor allem erklärte er sich mit ihren vorehelichen Forderungen einverstanden, »nur dem Namen nach König zu sein«. Die Verbindung ging jedoch bald in die Brüche, nachdem Amalsuntha ihren Bräutigam gezwungen hatte, unrechtmäßig erworbenes Eigentum zurückzugeben.

Seit langem schon spielte Theo hinter Amalsunthas Rükken mit Justitian, dem Herrscher über das Oströmische Reich, das Spiel »Tausche Toskana gegen eine bißchen Gold und ein Fürstenamt«. Um 535 hatte sich Theo auf den italienischen Thron geschleimt. Als erste Amtshandlung fegte er Amalsuntha aus ihrer Hauptstadt Ravenna. Sie wurde auf eine kleine Insel verfrachtet und am 30. April in der Badewanne erwürgt. Aber historisch gesehen war es diese weitsichtige Frau, die zuletzt lachte. Nur knapp zwei Jahre lang konnte Theo seinen »Triumph« genießen. Dann fiel Kaiser Justitian in Italien ein, um – was auch sonst? – den Tod der beliebten Amalsuntha zu rächen.

Masaki Hojo

Wenn man im Japan des 12. Jahrhunderts wie Masaki Hojo als Frau in die Samurai-Klasse hineingeboren wurde, war das kein Sushi-Schlecken. Masaki mußte nicht nur lernen, wie man mit der furchterregenden *naginata*, einem langen Stab mit einer gebogenen Klinge am Ende, umgeht, sondern auch sehr vorsichtig sein: In ihrer Umgebung waren alle sehr empfindlich in Sachen Ehre. Die kleinste Bemerkung, und schon hatte man jemanden am Hals, der einen umbringen wollte – man nannte das »die Ehre wiederherstellen«. Masaki, die Ehefrau des ersten Shoguns, der Japan regierte, und dessen zuverlässigster militärischer Führer, hatte nichts gegen Kämpfe und ein bißchen Blut. (Masaki war nicht die einzige, die nach einem Tag auf dem Schlachtfeld in Richtung Frauenduschen lief – auch zwei weitere Heerführer hatten Geliebte, die mit in die Schlacht zogen.) Als ihr Shogun starb, nahm Masaki das Ruder in die Hand und ernannte ihren kleinen Sohn zum Herrscher. Danach ging's zum Friseur, der ihr eine Glatze rasierte. Die Herrscherin wurde zur Nonne. Als Ama-Shogun oder Nonnen-Heerführerin regierte sie weiter. Sie und ihre Nachkommen herrschten noch Generationen als die berühmte Hojo-Dynastie über Japan – statt Sushi hatte Hojo eher weibliche Staatskunst und militärische Macht aufgetischt.

Urraca von Aragon

Das Wort »Familienstreit« erhielt durch Königin Urraca von Spanien und ihren Clan eine vollkommen neue Bedeutung. Diese Leute lebten quasi von familiären Auseinandersetzungen. Anstatt mit den Nachbarn Zwistigkeiten auszutragen, zogen sie es vor, mit Hilfe ihrer Armeen gegeneinander Krieg zu spielen.

Urraca wurde um 1081 geboren. Mutter Constance und Vater Alfons verschwendeten nicht viel Zeit damit, ihr Baby zu umhegen – es war nichts weiter als eine hübsche Verzierung für das Trio von Jungs. Die, so war es vorgesehen, würden später über León und dann über Kastilien herrschen. Und sie sollten kämpfen.

Sie wurde als junges Mädchen mit einem französischen Ritter verheiratet, der die Familie bei der Reconquista von Spanien unterstützt hatte. Trotzdem hatte Urraca klugerweise ihre Rüstung bereitliegen, während sie zwei Söhne gebar. Die Jahre 1108 und 1109 waren besonders traurig für Urraca – sie verlor ihren Ehemann, dann ihren Bruder Sancho und ihren Vater im Krieg.

Sie wurde zur Königin von León und Kastilien gekrönt, genoß ihr Herrscherdasein und die Tatsache, daß sie ein Badezimmer für sich allein hatte. Dann erinnerte sie jemand an das verflixte Versprechen, daß sie ihrem Vater vor seinem Tod gegeben hatte. Er hatte darauf bestanden, daß sie den Typ von nebenan, einen höchst unsympathischen Kerl namens Alfons, heiratet. Er war Herrscher über das angrenzende Königreich Aragon. Die Motive ihres Vaters waren durchaus nachvollziehbar: Er dachte, dieser gefürchtete Held wäre in der Lage, dem Rest der ungläubigen Mauren endgültig den Garaus zu machen. Geheiratet haben die beiden schon. Aber anstatt sich um die Mauren zu kümmern, bekämpften Alfons und Urraca sich gegenseitig. Um die militärische Verwirrung noch zu steigern, entschloß sich Urracas jüngere Schwester Terry, den portugiesischen Grund und Boden, den sie bei ihrer Hochzeit erhalten hatte, zu vergrößern. Dann setzte der Bischof von Galizien, der es wohl gut gemeint hatte, einen von Urracas Söhnen auf den Thron von Galizien. Daraufhin dachte der Junge, er sollte sich auch einmal an einem bewaffneten Konflikt versuchen.

In Spanien herrschte so dicke Luft, daß selbst die blutrünstigen Kreuzritter entsetzt waren. Es war alles andere als leicht, lebend aus Spanien herauszukommen.

Dreizehn von siebzehn Jahren Herrschaft bekämpfte Urraca ihren verhaßten Ehemann. Abgesehen davon, daß sie nachher richtig gut reiten konnte, ließ Urraca ihr eigenes Münzgeld mit ihrem Porträt prägen – ihren Gatten muß das beim Einkaufen ziemlich wütend gemacht haben. Schließlich erklärte sie die Ehe zwischen sich und Alfons für null und nichtig. »Das Schlafzimmer ist geschlossen, geh nach Hause!« befahl sie. Verwirrt zog er sich nach Aragon zurück.

Die Königin, die nur ihrem Gatten gegenüber sexistisch wurde, konnte auf zwei männliche Berater zählen – den Erzbischof von Toledo und ihren Liebhaber, den Marques de Lara. Eine neuere historische Studie belegt, daß Urraca, die zwar auf militärischem Gebiet keine Ruhmestaten vollbracht hat, ihre wichtigen politischen Entscheidungen selbst getroffen hat.

Als sie auf die Fünfzig zuging und erkannte, daß ihre beste Zeit vorbei war, gab Urraca ein Fest, um bei den Spaniern keinesfalls in Vergessenheit zu geraten. Als Höhepunkt der Veranstaltung stellte sie ihren Sohn Alfons als ihren Nachfolger vor – das wirkliche Glanzstück war allerdings, daß sie sich selbst erneut zur Königin krönte.

Nur Jahan

Eine kecke Perserin, als Kind Merunissa genannt, heiratete im Alter von 40 zum zweiten Mal. Und zwar den Herrscher über Indien, Dschahangir, der schon lange ein Auge auf sie geworfen hatte.

Für einen liebeskranken Kaiser war sein erstes Geschenk ein bißchen kleinlich. Er gab ihr einen neuen Namen: Nur Mahal, zu deutsch »Licht des Palastes«. Ein oder zwei Monsunregen später hatte die Kaiserin mit dem strahlenden Namen den Kaiser unter dem Pantoffel – ein Prozeß, der durch seine Vorliebe für Wein und Opium extrem beschleunigt wurde. Kurz darauf dachte er sich einen neuen, noch großartigeren Namen für sie aus: Nur Jahan oder »Licht der Welt«. Jetzt ging es für die Kaiserin so richtig los. Für die nächsten 16 Jahre hatte sie in Indien bei sämtlichen politischen Entscheidungen das Sagen. Nachdem sie alle ihre Verwandten mit Posten versorgt hatte, machte sich Nur ans Polospielen, sie ließ Münzen mit ihrem Namen prägen, ging auf Tigerjagd, befaßte sich ein bißchen mit der Dichtkunst und stellte einen prächtigen Hof zusammen. In seinen gelegentlichen lichten Momenten half ihr Gatte ihr dabei, die Gärten von Shalimar in Kaschmir zu verschönern und zu vergrößern. Während des persischen Mogulreichs waren die indischen Herrscher besonders verrückt nach Rosen. Nurs Mutter wird nachgesagt, sie habe das Rosenöl »erfunden«. Nur wollte Indien begrünen und gab den Bau unzähliger

Gebäude und Gärten zur Verschönerung des Landes in Auftrag. Vielleicht hat sie sogar in einem ihrer freien Augenblicke den Kaschmirschal erfunden.

Ihr Hauptinteresse galt jedoch der Politik. Neben ihrem eigenen Handel mit Textilien und Indigo widmete sie sich den Staatsgeschäften. Das war insofern kompliziert, als sie von der *Purdah*-Kommandozentrale innerhalb des Harems aus agieren mußte. Purdah, oder auch das Verstecken der Frauen vor den Blicken der Öffentlichkeit, war Bestandteil der Lehre des Hinduismus. Obwohl Nur Moslemin war, versuchte sie, die Hindu-Mehrheit zufriedenzustellen, indem sie deren Glauben achtete.

Um von den Hindus in der Öffentlichkeit nicht gesehen zu werden, saß sie bei der Tigerjagd in einem verhangenen Sitz auf dem Rücken eines Elefanten. Das Gewehr schob sie dabei durch die Vorhänge – es muß so heiß gewesen sein wie in einer Sauna.

Kaiser Dschahangir starb schließlich an Asthma und seiner Sucht und überließ Nur, ihrem Clan von direkten und angeheirateten Verwandten sowie streitsüchtigen Nachfolgern das Feld. Dazu gehörte auch Nurs überirdisch schöne Nichte Mumtaz Mahal. Diese Lieblingsfrau (und Gebärmaschine) des auf Dschahangir folgenden Kaisers starb, als sie im Jahr 1632 ihrem vierzehnten Kind das Leben schenkte. Und ihr ach-so-trauriger Ehemann verbrachte die nächsten 22 Jahre damit, ein blendendweißes Grabmal für Mumtaz zu bauen. Das Tadsch Mahal gilt noch heute als eines der faszinierendsten Bauwerke der Welt.

Damia al-Kahina

Da denkt man, man hätte sich endlich einen Namen gemacht: Man hat die Berber-Stämme vereinigt, die Juden, die von den Westgoten aus Spanien vertrieben wurden, unter seinen Schutz genommen. Man hat einen berühmten arabischen General geschlagen und die eigene Armee, bestehend aus Juden, Christen und übriggebliebenen Byzantinern, zum Sieg über eindringende Moslems geführt. Aber nein. Die seelenvolle und mutige Anführerin des Jerna-Stamms, der im wunderschönen Atlasgebirge in der Nähe des nordafrikanischen Tunis angesiedelt war, hatte die verschiedensten Namen: Damia, Dhabba oder Dahiya el-Kahina (Kahiya, El Cahena und so weiter). In den meisten Berichten wird sie als außergewöhnlich und weise bezeichnet – so sprach man damals gerne über die Drachen der Wüste. Damia verschaffte ihren Leuten einen fünf Jahre dauernden Frieden – nebenbei bemerkt der einzige Zeitraum, in dem Nordafrika jemals vereinigt war. Unglücklicherweise tauchte im Jahr 694 der General, den sie besiegt hatte, wieder auf und wollte mehr. Diesmal ging Damia radikal vor. Wie man erzählte, zerstörte sie die Städte, um sie zu retten. Ihre Taktik ging ins Auge. Die verarmten Einheimischen, die nun ohne Dach und Kamele dastanden, verloren ihre Begeisterung für die Sache der Unabhängigkeit. Damia starb bei einem Kampf in der Nähe eines Brunnens. Er wird immer noch »Bir al-Kahina« genannt.

Kapitel Drei

Der Adel und das liebe Geld

Beatriz von Haraña & Felipa Perestrello

Das Privatleben von Christoph Kolumbus, dem Mann, über den die Historiker vielleicht am meisten geschrieben haben, bleibt bis heute eine *terra incognita*. Über seine Liebesgeschichten wissen wir erheblich weniger als Kolumbus über die geographischen Details von Indien – und das Wenige, was über Felipa und die beiden Beatrices bekannt ist, entlarvt ihn als einen Mann, dem man nicht unbedingt einen Preis für Sensibilität verleihen würde.

Kolumbus war ein hoch aufgeschossener Vagabund aus einer bescheidenen italienischen Familie, den es nach Portugal verschlagen hatte. Er hatte es sich zur Angewohnheit gemacht, in einem bestimmten Kloster zur Messe zu gehen, um dort Felipa, die Tochter einer bedeutenden Lissaboner Familie, zu treffen. Die beiden verliebten sich ineinander und heirateten. Sodann zogen sie nach Madeira und Porto Santo, wo im Jahr 1480 ihr Sohn Diego geboren wurde. Felipa starb – sie war noch nicht einmal dreißig. Nach ihrem Tod zog Chris nach Spanien. Er quartierte seinen Sohn bei den Mönchen im Kloster La Rábida ein und begann, sich bei Königin Isabella und König Fernando lieb Kind zu machen. Die beiden, schwer damit beschäftigt, die Araber aus dem Land zu vertreiben, sagten zu Christoph: »Wir werden bei Gelegenheit auf Sie zurückkommen«, und ließen ihn fünf Jahre warten. In dieser Zeit trieb sich der Möchtegern-Admiral in Córdoba herum und freundete sich mit Jimmy Haraña an – noch mehr allerdings mit dessen Cousine Beatriz, einem äußerst aparten zwanzigjährigen Waisenkind. Im August 1488 gebar Beatriz einen Jungen, den sie Fernando nannte (es scheint, daß Christioph inzwischen das Haus – und wahrscheinlich auch die Provinz – verlassen hatte). Nachdem Isabella schließlich ihr Einverständnis zu der Expedition gegeben hatte, schaute Chris eben in Córdoba vorbei, um seinem kleinen Sohn kurz hallo zu sagen. Dann begab er sich zum weiter südlich gelegenen Kloster La Rábida und bat die Mönche, seinen älteren Sohn Diego zu Bea zu bringen.

1493 kehrte der erfolgreiche Seefahrer von seiner heldenhaften Fahrt zurück und wurde groß gefeiert. In Córdoba sagte er zu Beatriz: »Ich bin wieder da! Danke fürs Babysitten – und nun adios, und zwar für immer!« Darauf brachte er seine beiden fünf- und dreizehnjährigen Söhne bei Königin Isabella als Hofknaben unter – vermutlich, um seine Interessen zu schützen, während er auf See war. Sollte hier der Eindruck eines skrupellosen Opportunisten entstanden sein, sei noch hinzugefügt, daß sich Christoph während seiner ersten Reise in eine zweite Beatriz verliebte. Während er auf den kanarischen Inseln Vorräte an Bord laden ließ, lernte er eine üppige Witwe von Gomera kennen, deren gesellschaftlicher Status ebenso einwandfrei war wie ihre körperlichen Reize. Die stürmische Romanze dauerte vier ganze Tage. Ein Jahr später warf der liebestolle Entdecker vor Gomera die Anker. Die Señora Peraza y Bobadilla hieß seine Flotte mit Feuerwerk, Kanonenschüssen und vermutlich wohl auch einem Hochzeitsultimatum willkommen. Aber so verliebt war Christoph dann auch wieder nicht und machte sich auf und davon. Bea wurde etwas wütend, als ein Landsmann herumtratschte, sie und C. K. hätten eine Hängematte geteilt. Bea lud das Klatschmaul zum Tee ein. Zum Nachtisch ließ sie ihn von ihren Dienern an einem Dachsparren aufhängen. Sodann schmückte sie sein Haus mit der Leiche. Ihr tugendhafter (und grausamer) Ruf war wiederhergestellt, und sie heiratete einen einheimischen Edelmann.

Diverse Dokumente belegen, daß Christoph, ungeachtet des Vorfalls auf den Kanaren, ein klein wenig Gewissensbisse wegen der ersten Beatriz hatte. 1493 überließ ihr der Admiral die Pacht für die Fleischergeschäfte in Córdoba – ein Nebenverdienst von 10000 Maravedis im Jahr (was sich nach einer Menge Kohle anhört – war's aber nicht). 1502 befahl Christoph seinem Sohn Diego, Bea eine ähnlich hohe Rente zukommen zu lassen. Unterdessen wurden die Söhne und der

Vater reich und berühmt. Bea Haraña verschuldete sich, strampelte sich ab, um von ihrer Rente leben zu können, und starb einsam – ohne daß ihr Sohn oder der Mann, der wahrscheinlich der einzige in ihrem Leben geblieben war, sie jemals besucht hätten.

Malinali

Malinali (oder Ein-Gras) war nur ein Teenager, aber für die Spanier wurde sie zur Schlüsselfigur für die Eroberung Mexikos. Sie wurde zunächst von ihren Eltern verkauft (beide unbedeutende Stammesfürsten im südmexikanischen Staat Tabasco) und landete schließlich 1519 an der Küste von Tabasco als Sklavin. Ihr neuer Eigentümer schien aber auch nicht gerade besonders enthusiastisch über diesen Besitz zu sein.

Genau in dieser Zeit tauchte der berühmte Hernan Cortés auf der Bildfläche auf – mit zehn Schiffen, bewaffneten Soldaten und, was am unheimlichsten war, sechzehn Pferden.

Die einheimischen Häuptlinge zermarterten sich den Kopf darüber, mit welchen Geschenken sie den Spaniern ihre Aufwartung erweisen könnten. Sie entschieden sich für Goldschmuck, fünf zubereitete Enten, verzierte Kleider und zwanzig Sklavinnen. Unter ihnen war auch die fünfzehnjährige Malinali. Als Cortés seine billigen Perlen als Geschenk überreichte, sah er sofort, was für einen Schatz er mit Malinali ergattert hatte. Sie sprach mehrere aztekische Dialekte. Das bedeutete, daß sie sich mit einem Spanier, der als Gefangener während einer früheren Expedition einen dieser Dialekte gelernt hatte, verständigen konnte.

Da es kurz vor Ostern war, setzte bei Cortés großer Bekehrungseifer ein. Er ließ ein riesiges Kreuz errichten und Gottesdienste veranstalten, außerdem führte er eine Massentaufe für Indiofrauen durch. Die frisch getaufte Malinali wurde von nun an respektvoll Doña Marina genannt. Von Augenzeugen wurde Marina als »hübsch, intelligent und natürlich beschrieben«. Sie wurde zunächst einem von Cortés Hauptmännern zugeteilt. Einige Monate später nahm Cortés sie selbst als Geliebte.

Bald standen sie und Cortés in Verhandlung mit dem Oberhaupt der Azteken, Montezuma. Durch Marinas Einfluß bekam Cortés so viel Gold von dem Aztekenführer, daß ganze Räume damit ausgefüllt werden konnten (weswegen die Spanier sich ja bekanntermaßen überhaupt erst in die Neue Welt aufgemacht hatten). Er nahm Montezuma gefangen und schnappte sich schließlich die wunderbare aztekische Hauptstadt Tenochtitlán (dort liegt heute Mexiko-Stadt).

Marina war so sprachbegabt, daß sie bald auch Spanisch konnte. Sie wurde zur offiziellen Dolmetscherin. Marina half den Weißen, die verwirrenden Bräuche der Einheimischen zu verstehen, um diese überlisten zu können. Sie verhandelte mit feindlichen Stämmen, damit diese die Spanier im Kampf gegen die Azteken unterstützten, und vereitelte verschiedene Komplotts gegen die Spanier. Sie versöhnte sich sogar mit ihrer lieben alten Mutter, die sie damals verkauft hatte. Daß sie »Doña Marina« genannt wurde, gefiel ihr schon recht gut. Aber nicht nur das: Sie konnte die Einheimischen dazu auffordern, sie »Malintzin« zu nennen – ihr Vorname plus »tzin«, ein aztekischer Ehrentitel, der nur Auserwählten zustand. (Cortés selbst wurde »Malinche« oder »Malintzine« genannt, was in der aztekischen Sprache soviel wie »Marinas Herr und Gebieter« bedeutete.)

In all diesem politischen und kriegerischen Trubel und Blutvergießen gebar die selbsterklärte Blaublütige 1522 einen Sohn, den sie Martin nannte. Als Dank für ihre Dienste schenkte ihr der frischgebackene Vater Hernán soviel Land, Gold und Sklaven, daß sie ein gutes Leben führen konnte. Sodann allerdings schaffte er sie sich vom Hals, indem er sie mit einem seiner Conquistadores verheiratete.

Die ehrgeizige Ein-Gras Malinali-Marina war weiterhin immer bereit, als rechte Hand und Dolmetscherin zu agieren, und unterstützte die Spanier bei der Christianisierung der Indios, bis sie 1551 angeblich an den Pocken, Masern oder der Grippe starb – einer weiteren zweifelhaften Hinterlassenschaft der Spanier.

Zac-Kuk

Amerikaner haben ihre First Lady, die Mayas in Palenque (ein Stadtstaat im alten Mexiko) hatten ihre First Mother, eine Obermutter. Am 22. Oktober des Jahres 612 v. Chr. bestieg Obermutter Zac-Kuk den Thron von Palenque. Sie schielte, war am ganzen Körper tätowiert und hatte mit Jade überkronte Zähne. Die Nase war riesig groß. Mit anderen Worten, sie war nach damaligen Kriterien der Inbegriff von Schönheit. Auch wenn die Mayas nur selten ihre Frauen dazu ermutigten, während des täglichen Kornmahlens den Kopf zu heben, und noch seltener eine Krone auf eben jenen setzten, gab es durchaus einige Frauen an der Spitze des Volkes (es gibt nur wenige Zeugnisse über Herrscherinnen; bis vor kurzem sind Archäologen davon ausgegangen, daß die kleineren, runderen Gesichter Priester darstellen).

Die Mayas waren, wie man weiß, sehr bewandert in astronomischen Fragen und besaßen zwei Kalender: das Sonnenjahr mit 365,242 Tagen und ein 260 Tage langes heiliges Jahr, das der Dauer einer Schwangerschaft entspricht. Zac-Kuk herrschte für die Dauer von drei Schwangerschaften in dem mächtigen Palenque. Dann wurde ihr Sohn Pacal zwölf, hörte auf, *pot-to-pok,* die einheimische Version von Basketball, zu spielen und wurde König. Zac-Kuk gehörte nicht zu den vorsichtigen Zeitgenossen und hielt deshalb immer noch ein Auge auf den Thron, bis ihr Sohn mit den Raffinessen seiner neuen Aufgaben einigermaßen vertraut war. Einige Wissenschaftler meinen, daß sie Palenque bis zu ihrem Tod im Jahr 640 v. Chr. regierte. Archäologen fanden jedoch in Pacals Pyramiden-Grab eine sehr wertvolle Schnitzerei, die zeigt, wie Zac-Kuk ihrem Sohn voller Stolz die Krone übergibt.

Jimena de El Cid

Rodrigo »El Cid« Diaz wird als erster spanischer Nationalheld gefeiert, und man würde niemals vermuten, was für eine schlechte Arbeitsmoral er hatte. Jemand hätte die kastilische Prinzessin Jimena, eine Cousine des Königs, darüber ins Bild setzen sollen, bevor sie diesen mittelalterlichen lockeren Vogel ehelichte. El Cid liebte es, Verbündete wie Feinde gleichermaßen anzufeinden, und das wurde ihm zum Verhängnis. Jimena, die nun einmal einen freischaffenden Söldner als Ehemann hatte, übernahm die Aufgabe, die Burg zu hüten. Unterdessen kämpfte Cid *ad infinitum* mal für, mal gegen die Moslems. 1094 gelang es ihm, Valencia, die Stadt der Orangenbäume, zu befreien. Erleichtert dachte Jimena: Endlich! Sie teilten ein fünfjähriges glückliches Zitrusleben, bis Cid eines gewaltsamen Todes starb. Die frischverwitwete Frau Cid wurde Hauptverteidigerin der eigenen Burg und Valencias. Nachdem Jimena die Armee reorganisiert hatte (man kann sich vorstellen, wie Cid sie hinterlassen hatte), konnte sie ihre Gebiete drei Jahre lang gegen die Araber verteidigen. Dann sandte sie einen Hilferuf an ihren königlichen Cousin, der zuvorkommenderweise zu ihrer Rettung herbeieilte. Versehentlich brannte er jedoch bei seinem Rückzug ihre süß duftende Stadt nieder.

Barbara Basinger Fugger

Der Name Fugger war in Deutschland bereits um 1450 recht bedeutend. Barbara Basinger, die Tochter einer spießigen Bankiersfamilie, heiratete in die Fugger-Familie, die ein Textil- und Gewürzimperium ihr eigen nannte. Nach elf Geburten, als ihr Gatte starb, mußte die kluge Barbara die Dinge selbst in die Hand nehmen.

Sie konnte Kinder und Beruf bestens unter einen Hut bringen. Neben der Kindererziehung, der Expansion des Geschäfts und der Vergrößerung ihres Kapitals bildete sie die älteren Söhne sozusagen noch als Manager aus. Jakob, einer ihrer jüngeren Söhne, hatte sie von Anfang an für das Priesteramt im Auge. Sie schickte ihn zum Studium nach Rom. Als klar wurde, daß die Söhne Ulrich und Georg bei der Führung des Unternehmens Unterstützung brauchten, kehrte Jakob zurück. Jakob, ganz der Sohn der Frau Mama, war ein sehr gewitzter Geschäftsmann. Er leierte das internationale Bank- und Finanzwesen an, kaufte den gesamten Kupfermarkt auf, verlieh Päpsten und Königen Geld zu hohen Zinsen und legte es zu niedrigen Zinsen an. Die Päpste im 15. Jahrhundert machten ein Bombengeschäft mit dem Verkauf von Pfründen (Einkünfte aus einem Kirchenamt) und dem Ablaßhandel – einer Möglichkeit für Katholiken, läßliche Sünden und Todsünden loszuwerden. Und Jakobs größtes Geschäft? Die Nachfolge von Karl V. als Kaiser des Heiligen Römischen Reiches zu sichern – Jakob beschaffte dafür 554 000 Gulden (Jakob verlangte 54 Prozent Zinsen auf die geliehene Summe, die »Investition« in Karl hat sich für ihn offensichtlich gelohnt).

Barbaras Sohn wurde jetzt der reiche Fugger genannt. Vielleicht führte das schändliche Geschäft mit dem Ablaßhandel dazu, daß sich Aktivisten wie Martin Luther für die Reformation stark machten. Und die Frau, die das alles in Rollen gebracht hatte – den finanziellen Erfolg der Fuggers und das heute noch existierende Wirtschaftsimperium der Familie – ,war Barbara.

Frau Nufer

Bis zu Frau Nufers großem Tag im 15. Jahrhundert in der Schweiz war der Kaiserschnitt eine Methode, nach dem Tod einer Gebärenden das Baby zu retten. Einer Legende zufolge entband Aurelia ihren Sohn Julius Ceasar nach dieser Methode – und überlebte (interessant, daß es »Kaiserschnitt« heißt und die Mutter in der Bezeichnung gar nicht vorkommt). Frau Nufer ging als »erster echter Kaiserschnitt«

in die Geschichte ein. Als es während der Entbindung zu Komplikationen kam, plädierten Arzt und Hebamme dafür, um jeden Preis das Kind zu retten. Der liebende Ehemann Jakob aber wollte seine Frau nicht verlieren. Als die anderen die Segel strichen, hatte er seinen Einsatz. Frau Nufer war glücklicherweise jung und stark. Das Geheimnis seines chirurgischen Erfolgs lag jedoch in den guten Werkzeugen und seinen praktischen Kenntnissen der Anatomie. Er arbeitete schließlich als Hausschlachter. Außerdem liebte er seine Frau. Auch ohne Betäubung oder moderne Antiseptika erholte sich Frau Nufer und bekam weitere Kinder. Sie wurde über siebzig Jahre alt – mit dem geschickten Jakob an ihrer Seite, wie zu hoffen ist.

Megg Roper

»Süße Megg« nannte sie der Vater in abgöttischer Liebe. Der liebste aller Väter, unter Heinrich VIII. englischer Lordkanzler und auch unter dem Namen Sir Thomas Morus bekannt, war ein harter Brocken, wenn es um Moral ging. Er war strikt gegen Ehescheidung (damals kostete einen diese Einstellung den Kopf).

Aber immerhin war Thomas Morus für die humanistische Erziehung von Frauen. Da der Schulunterricht für Mädchen vom Ende des 14. bis Mitte des 15. Jahrhunderts sehr zu wünschen übrig ließ, sorgte Morus dafür, daß seine drei Töchter (und sein Sohn) den besten Hauslehrer bekamen, der aufzutreiben war: ihn selbst. Er hatte in Oxford studiert, war Jurist und hielt engen Kontakt zu Erasmus von Rotterdam und anderen bedeutenden Köpfen. Thomas unterrichtete Megg und die anderen Kinder in Griechisch, Latein, Rhetorik, Philosophie und Mathematik, und das alles auf höchstem Niveau. Im Alter von neunzehn übersetzte seine beste Schülerin und älteste Tochter Erasmus' Kommentar zum Vaterunser ins Englische.

Aber der Herr Papa hatte auch seine eigenartigen Seiten.

1516 schrieb er seine Version von *Schöne neue Welt – Utopia.* In diesem Werk trat er unter anderem dafür ein, daß Paare sich vor der Hochzeit gegenseitig nackt sehen sollten. Bald darauf hatte er die Möglichkeit, seine Theorien im wirklichen Leben umzusetzen. Eines frühen Morgens kam ein schwungvoller junger Jurist vorbei, der seit längerem um die süße Megg warb, und hielt um die Hand der Tochter an. Ohne zu zögern führte Morus ihn direkt ins Schlafzimmer der Schwestern und zog ihnen die Bettdecke weg und das Nachthemd hoch. Durch diesen Tumult – von dem kühlen Luftzug ganz zu schweigen – wachten Megg und ihre Schwestern auf und drehten sich auf den Bauch. Der entzückte Zuschauer dieser zweifachen Vorpremiere sagte nach Luft schnappend: »Ich hab sie von beiden Seiten gesehen!« – Dann gab er Megg mit den romantischen Worten: »Du bist die Meinige« einen Klaps auf den Allerwertesten.

Wir wissen nicht, ob die süße Megg im Gegenzug das Rüstzeug des Juristen begutachten durfte – ich glaube fest daran, daß ihr Vater in dieser Hinsicht seinen utopischen Überzeugungen treu blieb. Trotz (oder wegen) dieses ungewöhnlichen Beginns war die Ehe von Megg und William Roper überaus glücklich. Die beiden verstanden sich intellektuell wie sexuell bestens. Megg wiederum übernahm die Erziehung der eigenen Töchter und sogar der Tochter ihrer Kinderfrau.

Zu ihren weiteren guten Eigenschaften gehörte, daß sie ausgesprochen mutig war. Als ihr Vater in London in den Tower geworfen wurde, weil er bei Heinrich VIII. in Ungnade gefallen war, schrieb die süße Megg ihm regelmäßig. Sie setzte sich für seine Freilassung ein und stritt sich mit dem gefährlichen und unsteten Monarchen derart, daß sie ebenfalls für kurze Zeit im Kerker landete. Es nützte nichts: Thomas Morus wurde 1535 enthauptet, als Megg dreißig Jahre alt war.

Vittoria Colonna

Die Künstler der italienischen Renaissance wurden ständig über den grünen Klee gelobt. Gelegentlich gaben sie jedoch auch selber Komplimente. Michelangelo zum Beispiel schmeichelte seiner besten Freundin Vittoria Colonna, der Marquise von Pescara, sowohl in Worten als auch in seiner Kunst. Das Schlagwort »nur gute Freunde« traf auf die beiden wirklich zu – sie hatten eine rein platonische Beziehung. Er war allerdings 64 und sie 49 – was die Sache vielleicht leichter machte.

Das Leben jener geschmackvollen und klugen Dame in Rom drehte sich um Dichtung, Kunst und religiöse Fragen. Sie heiratete mit 19, wurde jedoch bald von ihrem Ehemann, der in den Krieg ziehen mußte, getrennt. Die beiden schrieben sich gegenseitig unzählige Briefe. Die Briefe überlebten, er nicht – daraufhin zog sie sich mit ihrem Kummer für eine Weile auf eine abgeschiedene Insel zurück und verfaßte religiöse Dichtung. Aber dann irgendwann hatte das Leben die Colonna wieder. Sie wurde zu einer bedeutenden Figur in Roms Intellektuellenkreisen, machte sich einen Namen als Platon-Spezialistin und hatte im Alter von 48 Jahren ihre Gedichte sogar schon veröffentlicht. Nur einen neuen Mann wollte sie nicht. Vittoria wurde weltliche Nonne (ein damals oft gewählter Weg) im Kloster San Silvestro. Ab ungefähr 1536 wurde die Freundschaft zwischen ihr und Michelangelo – dessen Atelier ganz in der Nähe des Klosters lag – immer enger. Vittoria inspirierte den Künstler zu mehr als einem Dutzend Sonnetten und anderen Gedichten (sie veranlassen die meisten Leser nach der Lektüre, Gott dafür zu danken, daß Michelangelo sich klugerweise dann doch auf Malerei und Bildhauerei spezialisiert hat!).

Mehr noch als dichterische Muse jedoch war Vittoria eine geistige Lehrerin, Michelangelos Partnerin für intellektuellen Austausch. Und die einzige Person, der er seine Verwirrung über die sich schnell verändernde Welt, in der beide lebten, und die Furcht davor, wie sie in ihr überleben sollten, anvertraute. Vittorias einfacher und leidenschaftlicher Glaube beeinflußte Michelangelo weit mehr als die emotionalen Feuerwerke der Gegenreformation – der Versuch der katholischen Kirche, im eigenen Laden aufzuräumen. Als Dank widmete er ihr drei großartige Gemälde, die heute allerdings nur noch als Kopien existieren: die *Pietà*, die *Kreuzigung* und *Christus mit der Frau aus Samaria.*

Das einzige, was Michelangelo in dieser Freundschaft jemals bedauerte, war der Tod seiner geliebten Vittoria. Die einzige Frau, die über einen so langen Zeitraum seine geistige Vertraute war, starb am 20. Februar 1547. Wie er später einem Freund mitteilte, hätte er sich gewünscht, ihr zum Abschied statt bloß der Hand das Gesicht geküßt zu haben.

Khadija

Hinter fast allen Begründern einer großen Religion steht eine große Frau. Beim Islam ist das nicht anders. Mohammed, ein Waisenkind, führte zunächst ein ziemlich hartes Leben als Schafhirte. Als etwa Zwanzigjähriger bekam er eine Arbeit als Begleiter einer Handelskarawane, die zwischen Arabien und Syrien verkehrte. Und wer war Eigentümer der Karawane? Khadija, eine etwa vierzigjährige verwitwete Aristokratin. Sie stammte aus der bedeutenden Stadt Mekka und war durch ihre internationalen Kamelspeditionen zu beachtlichem Vermögen gekommen. Daß sie aus einer der mächtigsten und reichsten Familien stammte, mag auch eine Rolle gespielt haben.

Diese unabhängige Geschäftsfrau war nicht nur von Mohammeds Diensten angetan. Es gab rund um Mekka genug Adlige, die sich für sie interessierten. Erstaunlicherweise hielt sie jedoch um Mohammeds Hand an. Heute mag so etwas ganz normal sein, aber im Jahr 595 n. Chr. war es ein Skandal.

Nach der Hochzeit führte Khadija ihr Geschäft weiter, sie

pausierte nur während der sechs Schwangerschaften. Mohammed stand weiterhin im Dienst der Karawanen im Mittleren Osten; er pausierte nur für seine einsamen spirituellen Meditationen. Im Jahr 610 hatte er eine Vision und verkündete seiner Frau, er sei Gottes Botschafter für eine neue Religion mit dem Namen »Islam«, was soviel bedeutet wie »Ergebung in Gottes Willen«. Khadija verpflichtete sich sofort als erste, vermutlich treueste Anhängerin des neuen Glaubens.

In den nächsten 24 Jahren unterstützte sie ihren Mohammed sowohl emotional als auch finanziell in seinem Bemühen, seine Religion zu verbreiten und die Menschen zu bekehren. Khadija, die selber dreifache Witwe war, trat für eine Emanzipation der Frau im politischen und auch im wirtschaftlichen Sinne ein. Zu ihren Lebzeiten kämpfte Mohammed mit großem Einsatz für Frauenrechte und gewann für seine Vorstellungen, die erstaunlich aufgeklärt waren, allgemeine Anerkennung. Unter anderem setzte er für Frauen folgende Rechte durch: Frauen dürfen den Mann, den sie heiraten wollen, selber aussuchen; nach der Hochzeit wird die Mitgift direkt an das Paar gezahlt – und nicht an die Eltern; die Braut darf bis an ihr Lebensende frei über die Mitgift verfügen; stirbt der Partner oder kommt es zur Scheidung, kann sie das Geld als eine Art Rente nutzen. Auf Anregung von Khadija überlegte Mohammed sogar, eine Art Prämiengeld für Männer einzuführen, damit sie sich nicht scheiden ließen. Diese löblichen Errungenschaften hatten traurigerweise nicht sehr lange Bestand. Schlimmer noch, sie waren nicht schriftlich fixiert worden – so wie nichts, was Mohammed gesagt hat, zu seinen Lebzeiten aufgeschrieben worden ist.

Nach dem Tod Khadijas im Jahr 619 heiratete der verzweifelte Mohammed in den folgenden zwölf Jahren zwölf Frauen. Nach dem Tod des Propheten im Jahr 632 schrieben die Anhänger des Islams Mohammeds Lehren im *Koran* und dem *Hadith* nieder. Darin wurden die Rechte der Frauen eingeschränkt und die Macht der Ehemänner im Hinblick auf körperliche Züchtigung ihrer Frauen ausgeweitet. Diese Texte lassen nur noch sehr wenig von den zuweilen humanistischen Überzeugungen von Khadijas Ehegatten spüren, der die Gleichheit von Männern und Frauen propagiert hatte.

Katharina da Vinci

Katharina hatte drei Probleme. Sie war arm, sie war schwanger und sie war sich verdammt sicher, daß ein gewisser Herr aus Florenz ihr keinen Heiratsantrag machen würde. 1452 bekam sie ihr Kind – und dann trat sie dem Erzeuger unter die Augen. Er erklärte sich damit einverstanden, den unehelichen Sohn zu adoptieren und ihn zu erziehen. Der Junge entwickelte sich prächtig, auch wenn sich Katharina nicht um ihn kümmern konnte. Seine Lehrer sagten: »Ein aufmerksamer Schüler ist er nicht gerade, aber eines muß man sagen: Malen kann er.« Sie hatten keine Ahnung von den umfangreichen Tagebüchern, die Leonardo in einer Art Geheimschrift verfaßte, damit niemand sie lesen konnte, und von seinen wissenschaftlichen Zeichnungen. Leonardo bekam schließlich von überallher heißbegehrte Aufträge, für die er recht üppiges Taschengeld bekam: von Königen, Päpsten und anderen Despoten. Obwohl er, wie er immer sagte, ebenso gern an seinen zukunftsweisenden Erfindungen weitergebastelt und verrückte Malexperimente gemacht hätte. Heute gilt Katharinas Sohn, der in dem Provinznest Vinci zur Welt kam, zu den größten Genies aller Zeiten.

Lisa di Anton

Lisa di Anton, eine üppige Signora aus den Slums von Neapel, hatte mit ihrem Ehemann eine ziemlich gute Partie gemacht. Sie verfügte über eine Menge Geld, aber das Leben in Mailand war ziemlich öde und ihr Ehemann ständig auf Reisen. Sie brauchte ein Hobby. Aber was bloß? Da tauchte dieser verrückte alte Maler und Vegetarier auf, um sie zu porträtieren. Warum nicht, dachte sie. Das Modellstehen wurde mit der Zeit langweilig, obwohl der Maler für Musik und Spaßmacher sorgte, um sie bei Laune zu halten. Über Jahre murkste der Künstler an dem Gemälde herum und feilte an der Mundpartie. 1507 fragte ihr Ehemann sie schließlich, ob sie für eine längere Zeit mit ihm nach Kalabrien gehen würde. Innerhalb von fünf Minuten hatte sie ihre Sachen gepackt – Leonardo und sein sogenanntes »Porträt« müßten einfach warten. Einige Jahre später soll der französische König eine beachtliche Summe für dieses Gemälde bezahlt haben. Genauer gesagt für ein unfertiges Porträt, das schon leicht angegammelt aussah. Heutzutage stehen jährlich Millionen von Menschen Schlange, um das kleine grünstichige Bild von Frau di Anton zu betrachten. Es ist das berühmteste Gemälde aller Zeiten – Leonardo da Vincis »Mona Lisa«.

Bertha Großfuß & Bertha

Die Mutter Karls des Großen hieß Bertha, doch jedermann nannte sie Großfuß. Wenn sie einmal ordentlich mit dem Fuß aufstampfte, nahmen alle Notiz davon; ihr Einfluß am fränkischen Hof war bis zu ihrem Tod im Jahr 783 zu spüren. Der liebevolle Sohn Karl nannte sogar eines seiner achtzehn Kinder nach ihr. Auf seine Töchter hielt der begeisterte Familienvater schön den Daumen. Er verbot ihnen zu heiraten oder in ein Kloster einzutreten. Dafür hatte der Herr Papa aber als Franke ein recht entspanntes Verhältnis zu Sex. Bertha und ihre Schwestern durften durchaus Liebhaber mit nach Hause bringen, selbst Männer, die gesellschaftlich unter ihnen standen. Die einzige Auflage vom Papa: unter meinem Dach ja, aber außerhalb meiner Sichtweite. Als Bertha an einem Winternachmittag mit ihrem Liebhaber, dem Dichter Angilbert, ein Schäferstündchen halten wollte, mußte sie die verräterischen Fußspuren von seinem Zimmer zu ihrem vermeiden. Also stapfte sie durch den Schnee zu Angilberts Kämmerchen im Hauptschloß, schleppte ihn Huckepack zu ihrem Turmzimmer und brachte ihn auf die gleiche Weise später wieder zurück (vielleicht hatte die Oma Bertha ihren Spitznamen einer ähnlichen Aktion zu verdanken). Bertha und Angilbert vergnügten sich nicht nur miteinander, sie bekamen auch zwei stramme Jungen.

Bibi Khanym

Der schreckliche Tartar Tamerlane mag ja schon ziemlich alt und krank ausgesehen haben. Wenn es aber darum ging, sich mit irgend jemandem ein blutiges Gemetzel zu liefern oder sich eine Braut anzulachen, war er noch ganz schön fit: Seine Ehefrau Bibi Khanym hatte nicht nur den Ruf, hübsch zu sein und einem politischen Kalkül zu genügen. Ihre historische Leistung ist immer noch in Samarkand zu bewundern. Tamerlanes legendäre Hauptstadt liegt an der Seidenstraße, fast dreitausend Kilometer südöstlich von Moskau. Die Moschee von Bibi Khanym (zu ihren Lebzeiten die größte auf der Welt) entstand zwischen 1399 und 1401. Bibi-Anhänger behaupten, daß sie die Moschee selbst mit Hilfe eines liebeskranken Architekten gebaut habe. Die Anhänger von Tamerlane hingegen sagen, daß er das Gebäude ihr zu Ehren errichtete. Wie auch immer, die riesige leuchtendblaue Kuppel sowie die malerischen Ruinen des Minaretts und der Bögen beherrschen noch immer den Marktplatz von Samarkand.

Borte & Ho-Elun

Damit sollte man Massenmörder nicht entschuldigen, aber Dschingis-Khan kam *wirklich* aus einer gestörten Familie. Seine Mutter Ho-Elun nannte ihn Temuchin, was »Eisen«

bedeutet. Als der Kleine acht wurde, befanden seine Eltern, daß seine Kindheit nun vorbei sei. Er sollte sich verloben. So nahm ihn sein Vater mit auf die Jagd nach einer Verlobten bei einem anderen Stamm. Dort traf Temuchin auf Borte, ein zehn Jahre altes lebhaftes Mädchen mit blitzenden Augen. Sohn und Vater waren sofort von ihr begeistert, und schon begannen die Verhandlungen. Temuchins Vater bot ein Pferd, Bortes Vater einen Zobelmantel. Das Geschäft war getätigt. Der Junge blieb nach mongolischem Brauch bei seinen zukünftigen Verwandten. Bevor er und Borte sich auch nur miteinander vertraut machen konnten, wurde Temuchins Vater von Feinden vergiftet. Temuchin kehrte zu seiner Mutter zurück. Sie war inzwischen von ihrem Stamm verlassen worden. Während Ho-Elun nach etwas zu Essen suchte, versuchten Temuchin und seine fünf Geschwister, über den Kummer hinwegzukommen – indem sie sich bekämpften und umbrachten.

Als Temuchin fünfzehn wurde, fiel ihm plötzlich wieder ein, daß er verlobt war. Die Verwandtschaft war so entzückt von seiner Rückkehr, daß sie ihm diesmal einen Zobel für Ho-Elun mitgaben. Nun zum Thema »die eigene Haut retten«: Bald darauf wurde das Lager der Familie von Feinden attackiert. Da Temuchin, der nun Dschingis Khan genannt wurde, nur ein Pferd hatte, floh er mit seiner Mutter und ließ seine Braut zurück – die natürlich gefangengenommen wurde. Borte war eine sehr tolerante Mongolin und konnte ihrem Mann diesen groben Schnitzer verzeihen. Schließlich kam sie wieder mit Dschingis zusammen. Wenn er einmal gerade nicht damit beschäftigt war, seine Herrschaft auszuweiten, nutzte er die Pausen, um Zweitfrauen zu sammeln. Die Zahl der neuen Bräute stieg schließlich auf 500 an. Trotzdem war er weiterhin voller Respekt für Borte und ihre klugen politischen Ratschläge. Und nur unter Bortes vier Söhnen wurde 1227 Dschingis Khans blutgetränktes Erbe aufgeteilt.

Katharina Ashley & Blanche Perry

1537 wurde Katharina Ashley, eine gebildete Engländerin, Erzieherin eines vier Jahre alten zarten Königskindes. Die kleine Elisabeth – die Tochter von Heinrich VIII. – nannte sie liebevoll »Kat«. Das ihr anvertraute Kind hatte sie bald intellektuell überrundet. Die Kleine schrieb ihrem Bruder sogar lateinische Briefe. Was Kat dem Kind bot, war mehr wert als Lateinunterricht: Sie gab ihm Liebe und Stabilität. Ashley war da, während König Heinrichs Frauen kamen und gingen (dazu gehörte auch Elisabeths Mutter Ann Boleyn, die enthauptet wurde); sie beschützte die Kleine, als der Terror von Heinrich VIII. zunahm; sie war während der kurzen und traurigen Regierungszeiten ihrer Halbgeschwister Edward und Mary an Elisabeths Seite; sie wurde mit ihrer Gebieterin zusammen im Tower von London eingesperrt. Schließlich erlebte Katharina die Herrschaft »ihrer« Königin. Elisabeth hatte während ihrer schaurigen Kindheit noch eine zweite starke Hand an ihrer Seite: Blanche Perry, die sie als Baby in der Wiege schaukelte und ihr später Walisisch beibrachte. Als Elisabeth Königin wurde, ehrte sie diese treuen Frauen. Kat wurde zur ersten königlichen Kammerzofe, Perry zur Verwalterin der königlichen Bibliothek ernannt. Beide stellten ihr Leben ganz in den Dienst dieses faszinierenden Mädchens – Englands berühmteste Karrierefrau aller Zeiten.

Mary Sidney Herbert

Die Freunde der Engländerin Mary Sidney Herbert mochten die Vorstellung vielleicht seltsam gefunden haben. Aber die Gräfin von Pembroke in Wales arbeitete gerne im Labor. Sie war auf dem Gebiet durchaus keine Dilettantin: Adrian Gilbert, der führende Chemiker im elisabethanischen Zeitalter, fand ihre Leistungen ziemlich beachtlich.

Sie kannte sich aber nicht nur mit chemischen Formeln aus.

Die gebildete Gräfin übernahm wie viele andere Frauen ihrer Zeit auch für ihre männliche Verwandtschaft einige kreative Projekte. Ihr Bruder Philipp war ein berühmter Dichter und Liebling von Königin Elisabeth. Nach dem Tod dieses perfekten Renaissance-Gentlemans vollendete Mary sein fast fertiges Meisterwerk *Arcadia* und brachte es 1590 heraus. Sie förderte Dichter wie Ben Jonson und Edmund Spenser und schrieb sogar selbst ein recht annehmbares Sonett. Ihre ganze Familie war stolz auf sie. Ihr Sohn William Herbert war ein bedeutender Förderer Shakespeares: Der berühmte Autor widmete ihm die erste Folio-Ausgabe seiner Stücke und möglicherweise auch seiner Sonette. Wissenschaftler vermuten, daß der schicke junge Herbert in Shakespeares Sonetten 1–126 der junge Mann ist.

Mary konnte nicht nur Mutterschaft, Dichtkunst und stinkende Chemikalien in ihren palastartigen Räumen in Pembroke unter einen Hut bringen. Sie besaß davon abgesehen auch noch ungewöhnlich viel Charme und war sehr schön. Vielleicht ist das der Grund, warum Jonson eine so schöne Lobrede auf sie verfaßt hat.

Simonetta Vespucci

Simonetta war schon als Einundzwanzigjährige eine ziemlich interessante Frau – aber von jemandem, dessen Nachnamen so klingt wie ein teurer italienischer Sportwagen, würde man wohl auch nichts anderes erwarten. Diese blonde Schöne stammte von der ligurischen Küste (was sich heute italienische Riviera nennt, war 1455 Niemandsland). Sie heiratete einen florentinischen Händler, war Muse, Schönheitskönigin und Modell für Maler wie Sandro Botticelli. Er machte sie auf seinem Meisterwerk *Der Frühling* als Flora unsterblich. Der Maler Piero di Cosimo fing Simonettas hinreißenden Renaissance-Ausdruck wohl am besten ein. Von ihrer vornehmen hohen Stirn (Frauen rupften sich mittels Wachs den Haaransatz, um eine unschuldig nackte Stirnpartie zu erhalten) bis zu ihrer schlangenartigen Halskette war Simonetta Vespucci Sinnbild für einen der glorreichen Höhepunkte der Alten Welt. Dreißig Jahre nach ihrem Tod würde man nach dem Vornamen ihres Cousins Amerigo die Neue Welt benennen.

Konstanze

Nur wenige Frauen in früheren Jahrhunderten sind erst mit vierzig Mutter geworden, geschweige denn Mutter eines Kaisers. Friedrich II. erbte im Alter von drei Jahren Sizilien und Deutschland und wurde dann Römischer Kaiser. Man nannte ihn auch *stupor mundi* – das Staunen der Welt. Konstanze, eine normannische Prinzessin, war selbst ganz schön erstaunt über das, womit sie während der Geburt fertigwerden mußte. 1194 gebar sie ihren Sohn auf einem italienischen Marktplatz vor zweihundert Menschen, darunter befanden sich auch 15 Bischöfe. Man wollte absolut sicher sein, daß der Erbe aus ihrem Schoß kam. Konstanze und auch ihr viel gehaßter Ehemann starben, als Friedrich noch klein war. Was die Mutter des Kaisers wahrscheinlich *wirklich* aufgeregt hätte, ereignete sich nach ihrem Tod: Als fremde Herrscher damit anfingen, sich an ihrem Eigentum in Sizilien zu vergreifen, tauchte eine Untergrundgruppe von Freiheitskämpfern auf, die ihr Hab und Gut verteidigte. Aus dieser sizilianischen Bruderschaft soll sich die Mafia entwickelt haben – somit wäre Konstanze die erste Patin der Cosa Nostra.

KAPITEL VIER

Die Pest & andere Heimsuchungen

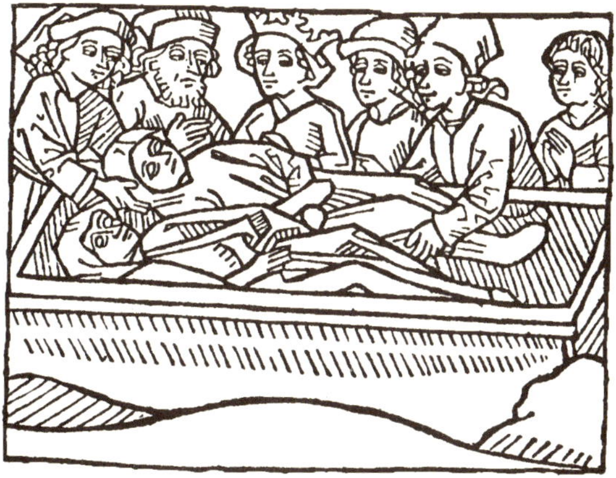

Margarita Fuss

Eine der berühmtesten (und bemerkenswertesten) Hebammen im 17. Jahrhundert liebte es, aufzufallen – zumindest was die Kleidung betrifft. Sie trug in der Tat sonderbare Klamotten. Darunter befanden sich eine ungarische Husarenjacke, ein merkwürdig gestreiftes Hemd und ein Spazierstock mit goldenem Knauf. Bei kaltem Wetter kam dann noch das Glanzstück hinzu – ein Umhang, der mit einem seltsamen gelben Pelz besetzt war. Dieser frühe Trödler-Look war entweder eine Macke von Margarita oder geschicktes Marketing.

Das Hebammenhandwerk hatte sie von ihrer adeligen Mutter gelernt – die Familie war in finanzielle Schwierigkeiten geraten, da hatte die Mutter schwangeren Aristokratinnen bei der Geburt geholfen. Fuss vervollständigte ihre Ausbildung durch Assistenzen bei verschiedenen Ärzten in Straßburg und Köln. Bald darauf wurde sie zur Geburtshelferin Nummer eins bei den Kindern so mancher blaublütigen Dame. Schließlich war sie an einer Vielzahl von Höfen in Deutschland, Dänemark und Holland als Hebamme gefragt und unterstützte Mütter aller gesellschaftlichen Schichten bei der Geburt (natürlich zahlte die feudale Gesellschaft besser – vorausgesetzt sie bezahlten überhaupt. Ausgezeichnete Hebammen wie Margarita schrieben zwar regelmäßig Rechnungen, wurden aber weniger regelmäßig mit ausgezeichneten Honoraren bedacht).

Während des gesamten Mittelalters hatten Hebammen noch eine weitere selten erwähnte, jedoch höchst bewundernswerte Aufgabe. Sie assistierten den Ärzten in Pest- und sonstigen Seuchenzeiten. Wenn auch die Ärzte gestorben waren, legten sie sogar selbst Hand an. Zu den wenigen Prozeduren, von denen man dachte, daß sie den Pestkranken Linderung verschaffen würden, gehörte es, die Pestbeulen in der Leistengegend und in der Achselhöhle aufzustechen. Diese Behandlung half, das Gift aus dem Körper zu ziehen. Hebammen wurden oft gerufen, um diese Behandlung durchzuführen. Sie erhielten für ihre außergewöhnlichen Leistungen besondere Privilegien und ein Extrahonorar (vorausgesetzt natürlich, sie überlebten).

Die Pestwelle zwischen 1346 und 1350 war die schlimmste, die Europa je heimgesucht hat. In dieser Zeit starben zwischen 45 und 75 Millionen Menschen. Margarita erlebte die Pest viermal in ihrem Leben – sie arbeitete jedoch nie dort, wo die Seuche gerade grassierte.

Als sie im Jahr 1626 71jährig starb, läuteten in ganz Straßburg die Glocken. Mit dieser Geste wollte das gemeine Volk ihr eine Ehre erweisen. Dank ihres Könnens hatten zahlreiche Mütter und Kinder die andere große Lebensgefahr der Epoche überlebt – die Geburt.

Mita Lupa

Als hätten Italienerinnen wie Mita Lupa im 14. Jahrhundert nicht schon genug Probleme gehabt: Die Männer fuhren zur See und brachten womöglich Lepra und die Pocken mit nach Hause. An dieser Krankheit starb jeder zweite Italiener. Nun wurde Süditalien jeden Sommer von einer Spinnenplage heimgesucht. Der ganze Ärger hatte in Mitas Heimatdorf Taranto begonnen – nach diesem Ort wurden auch die furchterregenden behaarten kleinen Tiere benannt. Und was war das einzige Heilmittel gegen Tarantula-Bisse? Man mußte so schnell zu Flöte und Tambourin tanzen, bis man im Tarantella-Takt war. Durch diese anstrengende Tätigkeit sollte man angeblich das Gift aus dem Körper schwitzen können. Die Heilung mittels Musik war allerdings nicht ganz billig. Frau Lupa war eine der Frauen, die sich um das Wohl der Gemeinschaft bemühte und die Tarantella-Musiker bezahlte. Sie gehörte auch mit zu den Sponsoren des sogenannten »kleinen Karneval der Frauen«. Die meisten

Frauen zweigten das Geld aus ihrer Haushaltskasse ab. Nicht so Frau Lupa. Sie hat angeblich ihr gesamtes Vermögen investiert, um die Rechnungen für die Anti-Tarantula-Partys zu begleichen.

Ana de Osorio

Das Leben war im moskitoverseuchten Südamerika vor der Entdeckung von Chinin wirklich entsetzlich. Deshalb war Ana de Osorio, die Gräfin von Chinchon, nicht gerade sehr begeistert, als ihr Gatte 1630 mit folgender Nachricht nach Hause kam: »Liebling, ich bin der neue Vizekönig von Peru – wir werden Spanien verlassen und ins entzückende Lima ziehen.«

Einige insektenreiche Monate später folgte dann das große Zittern und Zähneklappern. Gräfin und Vizekönig hatten Malaria und das Tertianfieber. Keines von Annas Hausmittelchen half. Verzweifelt entschied sich die Gräfin, ein einheimisches Heilmittel auszuprobieren. Bald schon schlugen sich Scharen von Peruanern durch den Regenwald. Sie waren auf der Suche nach einem bestimmten Baum, von dem sie wußten, daß er sich irgendwo in den Tropen befand. Dessen Rinde mit dem Anti-Malaria-Wundermittel Chinin brachte Ana und den Vizekönig im Nu wieder auf die Beine.

1638 mußten die Herrschaften nach Spanien zurückkehren. Die vorausdenkende Ana packte sich für alle Fälle etwas Chininrinde ein. Spanien steckte inmitten einer Malaria-Epidemie. Wie stieg das Ansehen der Gräfin, nachdem sie Einheimische mit ihrer Medizin versorgt hatte! Das Wunderpulver wurde bald *pulvis comitessae* genannt – die zeitgenössischen Chroniken sind voll des Lobes für das Medikament und die Taten der Gräfin.

Die dauerhafteste Anerkennung wurde Ana ungefähr ein Jahrhundert, nachdem sie Chinin von der Alten in die Neue Welt gebracht hatte, zuteil. Der schwedische Naturforscher Carl von Linné führte für alle Pflanzen und Tiere lateinische

Namen ein; dem Baum, der in seiner Rinde Chinin produziert, gab er zu Ehren von Ana, der cleveren Gräfin von Chinon, den Gattungsnamen *Chinchona*.

Koken & Komyo

Prinzessin Koken war als buddhistische Nonne zeitlich eigentlich vollkommen ausgelastet: Sie meditierte und baute Tempelanlagen. Als ihr Vater im Jahr 749 abdankte und ihr den Thron anbot, entschloß sie sich, Herrscherin über Japan zu werden.

20 Jahre lang waren sie und ihre Mutter Komyo in einem wahren Bau-Rausch. Mit der Unterstützung ihres Vaters gründete sie in ganz Japan Tempel und Klöster – die Hauptstadt Nara wurde zu einem religiösen Zentrum. Man hoffte, daß der Buddhismus Seuchen fernhalten würde: Niemand wollte eine Wiederholung des Jahres 644: Die Überlebenden einer schrecklichen Hungersnot hatten sich damals kurzerhand eine neue Religion gesucht. Sie hatten in den Straßen getanzt, ordentlich Sake getrunken und einen riesigen Wurm angebetet.

Koken und ihre Familie wurde dann von den Pocken heimgesucht. Viele Angehörige des japanischen Hofes starben daran. Koken meinte, daß sie und ihre Mutter ganz offensichtlich noch nicht genug für den Buddhismus getan hatten. Deshalb engagierte die Herrscherin 116 Priester als Dämonenvertreiber. Sie vollendete in der Hauptstadt die weltgrößte Buddha-Statue aus vergoldeter Bronze und machte den Oberpriester Dokoyo zu einem hohen Beamten. Der Wunderdoktor Dokoyo war Kokens Leibarzt und stand in ihrer Wertschätzung ganz oben, nachdem er sie im Jahr 761 von einem unbekannten Leiden befreit hatte.

Koken hatte immer noch nicht den Eindruck, genug getan zu haben. Deshalb war die energiegeladene Kaiserin weiterhin auf der Suche nach großen Taten. Sie stieß auf einen religiösen Text, der besagte, daß man von Krankheiten geheilt werden und sein Leben verlängern könne, wenn man im Tempel Zauberformeln hinterlegte. Also orderte die Kaiserin Koken eine hübsche runde Zahl: eine Million Zauberformeln. In Japan kannte man bereits die Technik des Blockdrucks, trotzdem war der freundliche Drucker von nebenan ziemlich erstaunt über den Auftrag. Jede Formel bestand aus 25 Zeilen mit heiligen Aussprüchen und wurde in einer hölzernen Pagode von über zwölf Zentimetern Größe aufbewahrt. Natürlich wollte die Kaiserin das Ganze sofort haben. Selbst bei dreifachen Überstunden wurden diese Drucke nicht vor dem Jahr 770 fertig.

Tempel in ganz Japan wurden nun von Pagoden mit Zauberformeln überflutet. Kaiserin Koken wurde allseits gelobt, doch dann brach eine weitere Pockenepidemie aus. Und wie nicht anders zu erwarten, war Buddha (oder dieser gruslige riesige Wurm) derjenige, der zuletzt lachte: Die engagierte Zweiundfünfzigjährige Koken gehörte zu den Opfern der Seuche.

Einige ihrer Zauberformeln sind erhalten – sie sind die frühesten Zeugnisse des Blockdrucks mit Kupferplatten, die noch existieren. In Nara gibt es noch einige der Tempel, die dieses fromme Mutter-Tochter-Duo hatte errichten lassen. Und dieser riesige Buddha? Mit über 21 Metern ist Kokens Figur immer noch die größte Bronzestatue der Welt.

Jacobina Felicie

Jacobina Felicie war eine alleinstehende Ärztin aus einer stinkvornehmen Familie in Florenz. Sie ging nach Paris. Vielleicht wegen des gesellschaftlichen Klimas? O nein – im 13. Jahrhundert waren Frauen in Paris als Ärztinnen nicht gut gelitten. Universitätsärzte hielten den Daumen auf Beruf und Meriten. Ab 1220 erlaubte das französische Gesetz nur noch den Mitgliedern der Medizinischen Fakultät, sich als Arzt niederzulassen. Es ist unnötig zu betonen, daß Frauen sowieso nicht zugelassen waren.

Jacobina hatte bei einem Universitätsprofessor studiert, aber keinen Abschluß erhalten. Als Strafe dafür, daß sie trotzdem praktizierte, wurde sie zu einem Bußgeld verurteilt – und exkommuniziert (dies sollte eigentlich der Abschreckung dienen. Die Heiler und Heilerinnen, die keinen Universitätsabschluß hatten und deren Zahl beständig zunahm, waren davon allerdings nicht sonderlich beeindruckt). Bis 1322 wiederholte sich dieses Szenario verschiedene Male, bis sie schließlich bei Gericht Einspruch gegen ihre ursprüngliche Verurteilung erhob. Wagemutig präsentierte Dr. Felicie dem Gericht acht Zeugen – von denen alle aussagten, daß Jacobina erst Geld von ihnen angenommen hatte, als sie geheilt waren. Dieser geschickte Schachzug mußte die Medizinerkreise entsetzt haben.

Felicie brachte auch vor, daß die Gesetze von Paris gegen das Gemeinwohl gerichtet wären: Ärztinnen seien vor allem für Patientinnen wichtig, die sich nicht trauen würden, einen männlichen Arzt aufzusuchen, und deshalb aller Wahrscheinlichkeit nach an ihrer Krankheit sterben würden.

Es erstaunt nicht, daß weder die Zeugenaussagen noch die Redegewandtheit Felicies zu irgend etwas führte. Jackie, zwei bekannte Chirurginnen und verschiedene Ärzte (alle ohne Universitätsabschluß) wurden erneut exkommuniziert und mußten eine Strafe zahlen. Dem Gesetz nach hätte Dr. Felicie sich damit geschlagen geben müssen, was aber eher zweifelhaft sein dürfte. Fest entschlossene und engagierte Mediziner, die nicht offiziell zugelassen waren, praktizierten weiterhin in Paris und anderswo.

Louise Bourgeois

Louise Bourgeois hatte richtigen Streß am Hals. 1601 machte sie am überaus renommierten Hôtel-Dieu in Paris ihren Abschluß als Hebamme. Und schon bekam sie den Auftrag, das erste Kind von Königin Maria von Medici zu holen. Es ist bekannt, daß Königinnen und Frauen, die zum ersten Mal ein Kind bekommen, besonders heikle Patientinnen sind. Was Louise jedoch richtig den Schweiß auf die Stirn trieb, war das Publikum: Sie mußte das Kind in Gegenwart von Hunderten von Zuschauern auf die Welt holen – die meisten von ihnen waren Männer. Mutter, Baby und Publikum haben alles prima überstanden. Louise half bei der Geburt von mehr als 2000 Kindern. Mit etwa 40 Jahren schrieb sie das erste von mehreren Büchern zum Thema Niederkunft – es wurde gelobt als das nützlichste Werk zum Thema Geburtshilfe seit Dr. Trotula, die 500 Jahre früher in Italien gelebt hatte. Louises Geburtshilfe-Buch wurde noch jahrhundertelang als Ratgeber konsultiert. Es wurde in verschiedene Sprachen übersetzt, und es ist auch gerne mal daraus abgeschrieben worden.

Maria Cunitz

Anstatt sich um den Haushalt zu kümmern, beschäftigte sich Maria Cunitz lieber intensiv mit Mathematik. Es ist wahrscheinlich nicht gerade einfach gewesen, in einem Teil der Welt Gelehrte und Wissenschaftlerin zu sein, der von Kriegen zerrissen war. Sie war Tochter eines deutschen Arztes und wuchs in Schweidnitz auf, das heute zu Polen gehört. Sie beherrschte sieben Sprachen, studierte Mathematik und Medizin und beschäftigte sich auch noch ein bißchen mit Astrologie.

Dazu hatte sie noch das Glück, Elias von Loven zu heiraten. Er förderte und unterstützte Maria ebenso wie der Vater. Nach der Hochzeit setzte Maria ihre Studien fort. Geschichte, Dichtkunst, Musik und Malerei kamen hinzu.

Sie hatte gerade ein hübsches und gleichzeitig ein wenig heikles Projekt zu Ende gebracht: Sie hatte die Gesetze der Planetenbewegung vereinfacht, die einige Jahre zuvor von dem berühmten Astronomen Johannes Kepler aufgestellt worden waren. Da kündigte sich in der Nachbarschaft ein größeres Ärgernis an. Der Dreißigjährige Krieg kam nun auch in die Ecke, in der sie wohnte. Seit Marias achtem Lebensjahr tobte dieser Krieg in ganz Europa und kostete vielen Protestanten und Katholiken das Leben. Da weder ein Elfenbeinturm noch ein Bunker in der Nähe waren, mußten sie und ihr Ehemann Elias sich für einige Zeit in einem Kloster verstecken.

Als im Jahr 1648 Entwarnung gegeben wurde, machte sich Maria wieder an die Arbeit und veröffentlichte zwei Jahre später ihre Resultate. Der Titel ihres Werkes umfaßte 23 Wörter und begann mit dem provozierenden Satz *Urania propitia sive tabulae astronomicae mire faciles* (wenn das ein Beispiel für »Vereinfachung« sein soll, möchte man sich kaum mit dem ursprünglichen Werk herumschlagen).

Frau Cunitz' Ruf als Gelehrte wuchs. Ihre Forschungsergebnisse hinterließen jedoch einen etwas zwiespältigen Beigeschmack. Es sieht so aus, als hätte sie eine Menge Schwachstellen in Keplers Werk gefunden. Sie fügte aber auch wieder Fehler in den komplexen Denkprozeß ein. Maria lebte weitere 14 Jahre und führte mit ihren Kollegen, die weit entfernt lebten, leidenschaftliche Briefwechsel und wissenschaftliche Auseinandersetzungen über die Planetenbewegung. Wenigstens führten ihre Kämpfe nicht zu wirklichem Blutvergießen – wie das in Marias schwer verwüstetem Heimatort Schweidnitz und dem Rest Europas der Fall war.

Marie Colinet

Marie Colinet kam aus Bern. Sie war eine fahrende Ärztin und Hebamme und hatte einen großen Patientenkreis. Um 1580 an Aufträge zu kommen – gerade als Frau –, mußte man schon einiges auf sich nehmen. Marie fuhr bei ihren Rundreisen wahrscheinlich mit einer Pferdekutsche von Ort zu Ort. Dabei machte sie alles, von kleinen operativen Eingriffen bis zu Amputationen. Den Höhepunkt ihrer beruflichen Karriere erreichte sie, als sie auf einen Patienten stieß, der einen Metallsplitter im Auge sitzen hatte. Die geschickte Dr. Colinet entfernte das Metallstück mit Hilfe eines Magneten – es war das erste Mal, daß jemand eine solche Technik anwandte. Glücklicherweise gab es während der Operation einen Zeugen – ihren Ehemann, den Chirugen Fabricius von Hilden. Er beschrieb Maries Kunststück in den glühendsten Farben. Man könnte meinen, daß dieser Augenzeugenbericht einen Beweis dafür geliefert hätte, daß eine Frau als erste eine solche Operation durchgeführt hat. Falsch. Es vergingen nur wenige Jahre, bis diese erfolgreiche und neuartige Methode endgültig Dr. Fabricius zugesprochen wurde – obwohl sich sein Part bei der Operation auf bloßes Zuschauen reduziert hatte. Seine Frau war die eigentliche Heldin dieser Tat.

Theodora

Im 6. Jahrhundert mußte man in dem ausgeflippten Konstantinopel schon ziemlich ungewöhnlich drauf sein, um überhaupt aufzufallen. Für Theodora, eine Schauspielerin, die sich aus der Gosse hochgearbeitet hatte, war das ein Kinderspiel. Sie war schön und besaß großes schauspielerisches Talent. Selbst wenn sie fast nackt auftrat, nur von getrockneten Kornähren und dressierten Gänsen umgeben, schaffte sie es, durch ihre Anmut die Byzantiner zu begeistern. Die hervorragende Tänzerin und großartige Komikerin wurde die heißbegehrteste Interpretin des pantomimischen Theaters, der wichtigsten Theaterform der Epoche. Darin waren Erotik, Vulgäres und Schreckliches fast so geschickt miteinander verknüpft wie bei Theodora.

Die Begeisterung für Schauspielerei war Theodora schon in die Wiege gelegt worden. Ihr Vater war Bärenführer im Hippodrom. Als sie noch ein kleines Mädchen war, verschwand er eines Tages von der Bildfläche. Die Mutter blieb mit drei Töchtern zurück und mußte für den Unterhalt sorgen. Sie ermutigte ihre Kleinen, das Tanzbein zu schwingen und es auch mal ein bißchen zu zeigen – schon im Kindesalter arbeitete Theodora als Prostituierte.

Sie stieg schließlich zur Mätresse auf. Als sie von einer Alexandrienreise als frisch bekehrte Christin nach Konstantinopel zurückkehrte, lernte sie – o glücklicher Zufall – den christlichen Thronanwärter Justitian kennen. Die beiden verband aber nicht nur die Religion. Justitian war von Theodoras gesamtem Erscheinungsbild ziemlich beeindruckt. Aber dieser weibliche Hans-Dampf-in-allen-Gassen hatte noch etwas anderes in petto als originelle erotische Spielchen – ein sehr kluges Köpfchen. Gegen 525 heirateten Theodora und Justitian. Dieser Schritt löste Entsetzen und einen nahezu unverhohlenen Neid aus.

Theodora ist nicht die einzige Frau, die mit der Hochzeit eine bewegte Vergangenheit hinter sich ließ. Die neue Herrscherin erhielt unverzüglich ein neues Outfit: eine goldene Krone, ein langes weißes Kleid mit einem purpurfarbenen Umhang und ein mit vielen Juwelen besetztes Brusttuch. Aber hinter dieser imposanten Aufmachung verbarg sich noch viel mehr.

Als scharfsinnige und mutige Frau stand Theodora dem Herrscher mit vielen klugen Ratschlägen zur Seite. Justitian geriet während des Nika-Aufstandes in Panik (diese Rebellion war von verrückt gewordenen Triumphwagen-Rennen-Fans angefacht worden). Da es seinen Truppen nicht gelang, die Situation unter Kontrolle zu bringen, wollte Justitian fliehen. Theodora sagte: »Das kann nicht dein Ernst sein! Wir werden sowieso alle sterben – das kann man auch hier, und zwar mit Würde.« Ihre gnadenlose Bemerkung – und ihre taktische Unterstützung bei der Niederschlagung des Aufstands – brachte Justitian wieder zur Besinnung. Seine Truppen metzelten schließlich die 30 000 Aufständischen nieder. Diese hatten es nicht versäumt, zuvor noch eben den größten Teil von Konstantinopel niederzubrennen.

Eine gute Seite hatte die Sache mit den rauchenden Ruinen ja schon – plötzlich gab es eine Menge Möglichkeiten, einige wirklich schicke Gebäude zu errichten. Mit Theos Unterstützung ging's dann los; einige der Monumente, deren

Bau Theodora angeregt hatte –, wie die Hagia Sophia und Teile ihrer phänomenalen Mosaiken –, sind heute immer noch zu bewundern.

Im Jahr 542 wurde das dynamische Herrscherduo durch ein noch größeres Unglück auf die Probe gestellt: die Pest. Pro Tag wurden an die 10 000 Menschen von der Seuche hinweggerafft. Die Bevölkerung der Stadt verminderte sich erheblich. Der Sensenmann schaute auch bei Justitian vorbei, wagte es aber nicht, ihn in seine Fänge zu nehmen – die treue Krankenschwester Theodora wäre darüber auch wirklich sehr böse gewesen. Beide überlebten die Seuche, Theodora bekam allerdings im Alter von 40 Jahren Krebs. Als sie starb, ließ sie einen bekümmerten Ehemann und eine traurige Bevölkerung zurück – ähnlich wie 1400 Jahre später die Schauspielerin und »Herrscherin« Evita Perón.

Maria Stuart, Königin von Schottland

Maria Stuart hatte zwei Leidenschaften: Intrigen, bei denen sie selbst im Mittelpunkt stand, und Golf. Sofort nach dem Tod ihres zweiten Ehemanns Darnley spielte sie 18 Löcher. Die Schotten bewunderten ihre Haltung, wunderten sich jedoch auch ein klein wenig – immerhin war Darnley erdrosselt worden. Sein Tod war nur eine weitere Episode in Marias Lebensdrama; die nächste war eine vorgetäuschte Entführung durch den möglichen Mörder ihres Mannes. Marias schauspielerisches Talent war wirklich sehr überzeugend. Sie sagte: »O du Bestie!« und heiratete ihn prompt. Ob sie nun etwas einfältig war oder nicht, die Königin der Golfplätze wäre besser bei diesem Spiel geblieben, denn ihre heimlichen Machenschaften wurden immer aufgedeckt. Nach einem Zwischenstopp in einem schottischen Gefängnis floh sie nach England. Ihre Cousine Königin Elisabeth wollte sachte mit ihr umgehen. Da tauchten heikle Briefe auf, die zu beweisen schienen, daß Maria eine Mörderin, Verräterin und letztendlich kriminell dumm war. Im

Jahre 1587 wurde Maria erneut eingelocht – sie wurde für schuldig befunden, Königin Elisabeth nach dem Leben zu trachten. Bei der letzten Episode ihres Lebens stand sie nicht mehr auf der Gewinnerseite: Der Henker machte das Spiel auf seine ganz eigene Weise – mit einem Schlag.

Kapitel Fünf

Höfische Minne und pikantes Bettgeflüster

Johanna von Neapel

Seit Jahrtausenden suchen Frauen nach innerer Wahrheit, Selbstbewußtsein und einem idiotensicheren Rezept, um mit den Männern klarzukommen. Die optimistische Königin Johanna von Neapel heiratete 1343 einen ungarischen Königssohn mit einer unglaublich riesigen Nase. Sie hatte große Hoffnungen, daß sich der Ausspruch »Wie die Nase des Mannes, so sein Johannes« bewahrheiten würde. Leider stellte sich heraus, daß es an ihrem Gatten nichts gab, was der Erhabenheit seiner Nase gleichkam. Voller Enttäuschung ließ Königin Johanna ihren Ungar erwürgen – ein böser Fauxpas, der dazu führte, daß sie aus ihrem behaglichen Königreich in Italien rausgeschmissen wurde.

Die ehemalige Königin mit ihrem unternehmerischen Geist und ihren Gelüsten trieb es nach Avignon. Dort eröffnete sie auf einem Grundstück, das ihrer Familie gehörte, das glamouröseste Bordell Europas (zufällig war Avignon zu der Zeit Sitz eines der beiden amtierenden Päpste).

Ihr erstes Ziel: Kontaktaufnahme mit den Unternehmerinnen, die bereits freiberuflich auf dem Fleischmarkt in Avignon tätig waren. Die wollten vor allem ihre Unabhängigkeit behalten. Bravo, sagte Johanna und billigte den Nachteulen Selbstbestimmung und Mitgliederabzeichen – ein Stückchen rote Borte auf der Schulter – zu. Anschließend war es ein leichtes, das luxuriöse Bordell mit den exzellenten Huren zu füllen. Eine Hausordnung sollte für die Qualität des Etablissements bürgen: Dazu gehörte, daß samstags ein Wochenplan erstellt wurde und daß Frauen, die sich eine ansteckende Krankheit zugezogen hatten, in Quarantäne kamen. Johanna führte ihr Geschäft entsprechend den Richtlinien der katholischen Kirche – keine Verhütung, keine Abtreibungen. Außerdem kümmerte man sich um etwaige Nachkommen der Damen.

Nachdem sie ihren Edelschuppen ungefähr ein Jahr lang geführt hatte, verkaufte sie ihn an einen lüsternen Interessenten – niemand anderes als Papst Clemens VI., der in Avignon lebte. Er führte Johannas Laden unter dem Namen »Die Abtei« weiter.

Für ihre Lokalität wollte sie Bares sehen. Außerdem überredete sie den Papst, für die Vergebung ihrer früheren Sünden zu sorgen – dazu gehörte auch der impulsive Mord an dem traurigen Ungar. Eine Absolution für die zahlreichen deftigen Sünden, die sie anschließend noch beging, bekam die lebensfrohe Johanna allerdings nicht.

Héloise

Frauen, die ihre Männer kastrieren? Im finsteren Mittelalter gab es so was. In Héloises Fall war die Kastration jedoch vollkommen unbeabsichtigt. Man hätte ihr vielleicht besser vorher sagen sollen: »Wenn du mit einem Kirchenmann ins Bett springst, paß auf, daß du nicht schwanger wirst. Und erzähl es bloß nicht in deiner Familie rum!«

Die junge und kluge Pariserin begann im Alter von 17 bei Petrus Abaelard Philosophie zu studieren. Er war doppelt so alt wie sie und der schärfste und berühmteste französische Theologe im 12. Jahrhundert. Petrus wandte sich bald auch weltlicheren Dingen zu. Er erhielt dabei vollkommen unbeabsichtigt Unterstützung von Héloises Onkel: Der Geistliche vermietete Petrus ganz unbedacht ein Zimmer in seinem Haus.

Es gab einen Mordskrach, als Onkel Fulbert die Schäferstündchen zwischen den beiden mitbekam – der Ärger wurde noch größer, als herauskam, daß Héloise schwanger war. Héloise bekam einen Sohn, dem sie den Namen Astrolabius gab; und Petrus versprach dem Onkel, er würde Héloise heiraten, wenn die Beziehung geheim bleiben könnte. Klar, daß er seine vielversprechenden Karrieremöglichkeiten in der Kirche nicht aufs Spiel setzen wollte. Bis dahin erschien dem Onkel alles nur ein bißchen seltsam.

Da machte Abaelard jedoch einen großen Fehler: Er brachte Héloise in das Kloster, in dem sie erzogen worden war. Angeblich wollte er sie dort bis zur Hochzeit verstecken. Dort turtelten die beiden Täubchen in einer stillen Ecke des Refektoriums munter weiter.

Man weiß nicht, ob die beiden tatsächlich heirateten oder nicht. Sicher ist jedoch, daß der besorgte Onkel den Eindruck hatte, daß der Herr mit der heißen Soutane seine Nichte verlassen und sie in Schande stürzen würde. Er heuerte einige finstere Spießgesellen an, die eines Nachts in Petrus' Zimmer eindrangen und ihn kastrierten.

Die Liebenden gingen daraufhin ins Kloster (tatsächlich setzte Abaelard Heloise unter Druck und wartete, bis sie einem Orden beigetreten war; dann folgte er). Petrus unterrichtete als Mönch in verschiedenen Klöstern. Da seine Lehren die Kirche verärgerten, wurde er schließlich als Häretiker denunziert. Héloise ihrerseits fügte sich nur widerstrebend in ihr Nonnendasein. 1129 wurde sie Äbtissin des Klosters Le Paraclet, das Petrus gegründet hatte.

Auch wenn die Möglichkeiten, sich zu sehen, jetzt eingeschränkt blieben, war ihr Briefwechsel über Jahre hinweg voller glühender Leidenschaft. Die »Romanze« von Héloise und Abaelard wurde schließlich – trotz einiger Ungereimtheiten – schon zu Lebzeiten der beiden berühmt und blieb auch in späteren Jahrhunderten geradezu eine Legende.

Nach der Klugheit und Leidenschaft zu urteilen, die sich in Héloises ausdrucksvollen Briefen zeigen, hatte sie etwas Besseres als einen selbstgerechten und geilen Kirchenmann verdient. Wenn aber nun einmal die Chemie stimmt, kann auch eine Soutane daran nichts ändern. Héloises Leidenschaft für Petrus blieb während ihres ganzen Lebens ungetrübt. 20 Jahre nach seinem Tod wurde sie an seiner Seite beigesetzt.

»Ich fand an nichts mehr Gefallen als daran, dein Herz zu besitzen … der Mann in dir war das, was ich am wenigsten schätzte.«

Héloises erster Brief an Abaelard

»Verbanne mich für immer aus deinem Herzen, das ist der beste Ratschlag, den ich dir geben kann.«

Brief von Abaelard an Héloise

»Ich sollte über das klagen, was wir getan haben – ich schmachte jedoch nach dem, was wir verloren haben.«

Brief von Héloise an Abaelard

Trotula von Salerno

Trotula war eine beeindruckende Ärztin des frühen Mittelalters. Sie hatte im 11. Jahrhundert in Italien an Salernos berühmter medizinischer Fakultät – der ersten ihrer Art im mittelalterlichen Europa – studiert und sich später in der Stadt als Ärztin niedergelassen. Fast alle in ihrer Familie waren Ärzte: Die kluge Neapolitanerin heiratete einen Chirurgen namens Giovanni Platearius; die Söhne der beiden, Matteo und Giovanni, traten das Erbe der Eltern an. Am Frühstückstisch mag Trotula vielleicht mamma mia genannt worden sein. Anderswo wurde sie sogar von ihren Söhnen als »Dr. Platearii« oder »Gelehrte Mutter Trocta« angesprochen. Sohn Matteo erwähnte in seinen Schriften stets, daß seine Mutter studiert und an einer Universität promoviert hatte. Sie war nicht etwa eine Kurpfuscherin oder Hebamme.

Trotula machte die Frauenheilkunde zu ihrem Spezialgebiet. Zu ihren guten Taten gehörte die chirurgische Pionierarbeit zur Verarztung des Dammrisses. Trotula verfaßte weiterhin zwei wichtige medizinische Bücher: *De passionibus mulierum* (»Von den Leiden der Frauen«), das auch *Trotula major* genannt wird, und die Themen Geburtshilfe, Frauenheilkunde und Allgemeinmedizin behandelt; und *Trotula minor*, ein Werk über Dermatologie. Von ihren Studien existieren noch über 100 handschriftliche Kopien – ihr Werk wurde noch Jahrhunderte später herangezogen, und es wurde fleißig daraus abgeschrieben.

Viele ihrer medizinischen Tips besitzen noch heute Gültigkeit. Zum Beispiel trat diese kompetente Ärztin dafür ein, Frauen während der Geburt schmerzstillende Mittel zu verabreichen. Weiterhin verschrieb sie Hormonbehandlungen (die Hormone wurden aus Tierhoden gewonnen), die den weiblichen Zyklus stabilisieren und Unfruchtbarkeit beheben sollten. Außerdem setzte sie sich sehr für Hygiene ein – mangelnde Hygiene war bis zum 20. Jahrhundert einer der Hauptgründe für Kindbetttod und Kindersterben.

Einige der medizinischen Errungenschaften Trotulas waren allerdings weniger fortschrittlich. Dazu gehörte ihr wissenschaftlicher Beitrag zur Erhaltung der Jungfräulichkeit. Junge Jungfrauen konnten sich im Mittelalter wie heute manchmal ganz schön wild gebärden. War ihnen die Jungfräulichkeit einmal abhanden gekommen, konnte das, wenn sie sich verlobt hatten, zum Problem werden. Die erfinderische Ärztin hatte für ihr Zeitalter, das von Jungfernhäutchen geradezu besessen schien, eine Menge Techniken auf Lager, die die Jungfrauen sozusagen wieder in ihren Urzustand verwandelten – und ihnen zu einer ziemlich guten Partie verhelfen konnten.

Nach Trotulas wirksamstem Rezept sollte man einen Tag vor der Hochzeit einen Blutegel dort plazieren, wo einmal das Jungfernhäutchen gesessen hatte. Die Menschen im Mittelalter fanden nichts dabei, sich für einen kurzen Aderlaß mal eben einen oder zwei Blutegel auf den Körper zu setzen (der Ersatz für zwei Aspirin). Die Alles-neu-macht-der-Blutegel-Prozedur war sehr ermüdend. Hauptsache, man behielt das Mistvieh (Blutegel sind schnell) irgendwie unter Kontrolle. Die Möchtegern-Jungfrauen mußten sicherstellen, daß sie das blutrünstige kleine Biest entfernt hatten, bevor es zu weit eingedrungen war – wie Dr. Trotula sagte: Mit leichenähnlicher Blässe war es nicht gerade einfach, die strahlende Braut zu mimen.

Walladah al-Mustakfi

Walladah al-Mustakfi war eine regelrechte Powerfrau. Sie veränderte die konventionellen Vorstellungen davon, was ein nettes maurisches Mädel im 11. Jahrhundert in Andalusien zu tun und lassen hat. Die Chancen dafür, daß sie sich so verhalten konnte, wie es ihr gefiel, standen gut: Durch die Familie des Vaters hatte sie die nötige finanzielle Basis – ihr Vater war Kalif von Córdoba. Gerüchten zufolge war ihre Mutter eine äthiopische Sklavin, wahrscheinlich eine Christin. Ihr Vater machte die Fliege, als sie etwa 30 war. Er hatte sein Volk verärgert, und da brachten sie ihn einfach um.

Zu dieser Zeit war Walladah bereits eine berühmte Dichterin, Schriftstellerin, Sängerin und der Kopf eines hervorragenden literarischen Zirkels – also so etwas wie die Gertrude Stein oder George Sand ihrer Zeit.

Sie lehnte es strikt ab, einen Schleier zu tragen, was nach islamischen Vorstellungen für jede Andalusierin Pflicht war. Statt dessen kreierte sie ihre eigene Kleidung. Besonders mochte sie ein raschelndes arabisches Scheich-Gewand. Dazu trug sie eine großzügig verzierte Jacke, auf deren Ärmel gestickt stand: »Ich werde meinen Geliebten meine Wange streicheln lassen, und ich erlaube mir, all diejenigen zu küssen, die das wünschen.«

Walladah küßte in der Tat ziemlich viel – Männer wie Frauen. Zu ihren Lieben gehörte Ibn Zaydun, eine berühmte spanisch-arabische Dichterin. Sie war Walladah geradezu verfallen. Die beiden kreativen Seelen führten ihre Liebesbeziehung hauptsächlich auf Distanz, so hielt sie länger. Von ihren in Versen verfaßten Briefen sind ganze Kamellasten erhalten. Walladah hatte aufgrund ihrer starken Persönlichkeit und ihres immensen Talents wohl die Hosen an in der Beziehung.

Als Walladah etwa 40 war, traf sie Amors Pfeil noch einmal: Diesmal war sie es, die vor Leidenschaft erglühte. Ihre neue Liebe war der junge und attraktive Muhjah al-Tajani. Walladah unterstützte und förderte sein dichterisches Talent

Jahrzehntelang wünschten die verärgerten Andalusier der einzelkämpferischen Dichterin schreckliche Dinge. Nichts davon trat ein. Dann stellte Walladah ihr Volk noch einmal auf eine Belastungsprobe: Sie verbrachte ihre letzten Jahre in den Armen eines Geschäftsmannes, der sie über alle Maßen verehrte. Er hegte und pflegte sie bis zu ihrem Tod im Alter von etwa 70 Jahren.

Sei Shonagon & Lady Sarashina

Die Jahrtausendwende näherte sich: In Europa hatten Frauen und Männer aus allen gesellschaftlichen Schichten Angst um ihr Leben, es herrschte Endzeitstimmung. In Japan war das anders, die Menschen waren voller Lebenslust. Die Leser rissen sich um die Bücher von Sei Shonagon und Lady Sarashina, zwei Damen, die in wunderschöner literarischer Sprache über die schmutzigen Geschichten am kaiserlichen Hof berichteten. Die beliebtesten Insider-Geschichten sind immer schon von Frauen verfaßt worden – die meisten von ihnen benutzten ein Pseudonym, um nicht gleich einen Prozeß wegen Verleumdung am Hals zu haben. Sei, die früher einmal Hofdame der Kaiserin war, schrieb ein aufsehenerregendes Kopfkissenbuch. Die skandalösen Episoden in diesem Werk basieren auf ihren riskanten persönlichen Recherchen und den Informationen ihrer Liebhaber am kaiserlichen Hofe.

Lady Sarashina hatte am Hof eher eine Außenseiterposition inne. Ihr Buch ist ein ergreifendes Zeugnis ihrer Seelenqualen: Sie erzählt von ihren Träumen und bedauert die

Einsamkeit des Alters. Nach weiteren 1000 Jahren hat das Werk von Sei Shonagon ein wenig an Bedeutung verloren. *Sarashina Nikki* dagegen gehört zu den Klassikern der Schullektüre in Japan.

Alessandra Macinghi

Die italienische Renaissance hat viele außergewöhnliche Supermütter erlebt: Diese Frauen kümmerten sich nicht nur um die Erziehung der Kinder, sondern sorgten auch für den Lebensunterhalt der Familie. Sie mischten in der Politik mit und hatten nebenher noch diverse Schicksalsschläge einzustecken – und das alles ohne Auto, Kinderpsychologen oder Handy.

Alessandra Macinghi war eine dieser außergewöhnlichen Mütter. Sie wurde 1406 in Florenz geboren, heiratete mit 16 Matteo Strozzi und brachte in elf Jahren sieben Kinder zur Welt. Als der Medici-Clan an die Macht kam, wurde ihr Gatte, der großen politischen Einfluß in der Stadt besaß, verbannt. Ohne mit der Wimper zu zucken, packte Alessandra ihre Brut zusammen und folgte ihrem Mann ins Exil. Das Jahr 1436 war fürchterlich: Matteo sowie drei der Kinder starben. Als wäre das nicht Kummer genug, merkte Alessandra, daß sie zudem auch noch schwanger war. Sie kehrte mit dem Rest der Familie nach Florenz zurück. Die Witwe mit den vier Kindern kämpfte nun darum, das übriggebliebene Familienvermögen zusammenzuhalten. Schließlich mußte sie ihre Söhne unterstützen (wie der Vater wurden auch die Söhne aus der Stadt verbannt, sobald sie volljährig waren).

Das war aber noch lange nicht alles, was sie zu meistern hatte: 20 Jahre lang konnte sie mit ihren Söhnen lediglich per Brief Kontakt halten. Die Briefe, die bis heute erhalten sind, zeigen, welch enormen Anstrengungen Frau Macinghi unternommen hat, um ihren Söhnen einen hervorragenden beruflichen Einstieg zu ermöglichen: Sie ließ ihre

Beziehungen spielen, schloß kluge Geschäfte ab und kümmerte sich bei einer Kreditaufnahme darum, daß sie einen guten Zinssatz erhielt (was in einer Zeit, als man noch nichts absetzen konnte, ziemlich wichtig war).

Ihre Töchter hatte sie dabei auch nicht vergessen. Alessandra tat alles, um für sie die vorteilhaftesten nur möglichen Verbindungen zustande zu bringen. Bei ihren Söhnen war es schwieriger, sie unter die Haube zu bringen. Über Jahre legte die Mama sich heftig ins Zeug auf der Suche nach geeigneten Kandidatinnen. Sowohl das Aussehen als auch die Höhe der Mitgift mußten ihr zusagen.

In einem Brief an ihren ältesten Sohn Phillip versuchte sie es schließlich auf die harte Tour: »Ich bete zu Gott, daß er dich von deinen Ängsten befreit – wenn alle Männer soviel Angst vor einer Hochzeit haben würden wie du, wäre die Menschheit längst schon ausgestorben!« Als Phillip endlich den Bund fürs Leben schloß, bekam Alessandra das, wonach sich jede italienische Supermama sehnt – Enkel unter ihrem Dach und eine neue Schwiegertochter unter ihrer Fuchtel.

Die Witwe Macinghi war keine Heilige, das einfache Volk hatte nichts zu lachen. Aus ihren Briefen geht hervor, daß arme Lehnsmänner, herumbummelnde Diener und hauseigene Sklaven vor die Tür gesetzt wurden, wenn sie einmal nicht so wollten wie sie. Aber sie war eine gute Matriarchin. In einem Brief an einen Sohn schreibt sie voller Freude: »Wenn mein Enkel der einzige wäre, der mich bei meiner Arbeit unterbrechen würde, wäre das schon mehr als genug. Aber ich habe so viel Freude an ihm. Er folgt mir überall hin, wie das Küken einer Henne.«

Parnell Portjoie

Wenn man um 1290 in London in Richtung Bankside-Viertel unterwegs war, konnte das nur einen Grund haben: Sex. Die Bordelle von Bankside waren berühmt – das berühmteste war das von Parnell Portjoie, deren »Tür der Freude« für jeden offenstand. Sie führte dieses viel besuchte Liebesnest zusammen mit dem Zuhälter Nicholas Pluckrose für einen Eigentümer, der lieber unbekannt bleiben wollte. Die Einkünfte waren das reinste Geschenk Gottes – vielleicht aber auch nur das Ergebnis harter Arbeit. Urkunden belegen, daß der Chef hinter den Kulissen der in diesem Viertel ansässige Bischof der Kirche von England war.

Artemisia Gentileschi

»Ich werde mich nicht kleinkriegen lassen«, schwor Artemisia Gentileschi. Sie war eine wohlbekannte und hervorragende Malerin des 17. Jahrhunderts – und Klägerin bei einem Vergewaltigungsprozeß in Rom, dessen Verlauf seinerzeit großes Aufsehen erregte.

Artemisia war die Tochter des bekannten Malers Orazio Gentileschi. Sie bewies schon in jungen Jahren großes Talent. Nachdem der Vater Artemisia alles gezeigt hatte, was er wußte, suchte er nach einem Lehrer, der dem Kind perspektivisches Malen beibringen sollte. Seine Wahl fiel auf Agostino Tassi. Tassi war ein begabter Maler, seine wahren Qualitäten lagen jedoch woanders. Irgendwie hatte der liebe alte, etwas naive Papa die kriminelle Vergangenheit von Tassi übersehen. Unter anderem war er wegen Anstiftung zum Mord an seiner Frau verurteilt worden! Die achtzehnjährige Artemisia nahm schließlich bei dem finsteren Künstler Stunden. Zunächst wurde sie von einer Anstandsdame begleitet – die Tassi jedoch schnell loswurde, um sich alsdann an Artemisia heranzumachen. Er schaffte es nicht, diese willensstarke junge Frau zu verführen, also vergewaltigte er sie.

Als der Papa davon Wind bekam, drängte er auf Heirat (eine seltsame Reaktion für einen Vater, der seine Sinne beisammen hat). Tassi lachte ihm ins Gesicht und lehnte ab – also erhob Orazio Anklage, und der Fall kam vor Gericht.

Artemisia wurde Tassi mehrmals im Kreuverhör gegenübergestellt, sie blieb aber eisern bei ihren Aussagen zu der Vergewaltigung und den dazugehörigen Details. Auch wenn Artemisia ein Kind der Renaissance war, die Gerichtsverhandlungen hatten noch erschreckend viel Mittelalterliches an sich: Man benutzte noch keinen Lügendetektor, um der Wahrheit auf die Spur zu kommen, sondern die Zeugen wurden direkt in der Zeugenbank gefoltert. Im Jahr 1612 durchlitt Artemisia unendliche Höllenqualen. Man legte ihr fünf Monate lang Daumenschrauben an – dieses tragbare Folterinstrument war unvorstellbar schmerzhaft (übrigens existieren noch Protokolle dieses grausamen Prozesses). Obwohl Tassi weiterhin seine Unschuld beteuerte, wurde er verurteilt – nach nur acht Monaten Gefängnis kam er allerdings wieder frei.

Nach diesem Marathonprozeß in der heißen Gerüchteküche Rom wäre es verständlich gewesen, wenn Artemisia sich voller Selbstmitleid irgendwo verkrümelt hätte. Statt dessen machte sie sich auf nach Florenz. Dort etablierte sie sich als Malerin. Sie wagte eine Ehe mit Pietro Vincenzo, die allerdings nicht lange hielt (die Tochter der beiden, Palerma, hatte die Gentileschi-Gene geerbt und malte ebenfalls).

Der künstlerische Erfolg hatte auf Artemisias Lebensgefühl großen Einfluß und gab ihr Kraft. Als Künstlerin der barocken Caravaggio-Schule malte sie in starken Hell-Dunkel-Kontrasten erschütternde Szenen des menschlichen Daseins. Sie malte nicht nur Porträts, sondern widmete sich auch gängigen Motiven aus der Bibel, wie zum Beispiel Judiths Mord an Holofernes.

Das Besondere an diesen Darstellungen ist die starke biographische Prägung. Artemisia hat insgesamt sechs verschiedene Versionen der Judith-Geschichte gemalt, die ganz offensichtlich für sie eine therapeutische Wirkung besaß. Durch ihre Malerei hat Artemisia die größtmögliche Rache an ihrem Vergewaltiger genommen – sie hat ein künstlerisches Erbe hinterlassen, das bis heute von Bedeutung ist.

Es gelang ihr sogar zu vergessen, was Vater Orazio ihr angetan hatte. Auf sein Bitten hin ging sie 1638 nach London, um gemeinsam mit dem kränklichen alten Maler einen größeren Auftrag für den englischen König Karl I. zu übernehmen.

Artemisia war fast ihr ganzes Leben lang eine unabhängige Frau. Sie kümmerte sich nicht nur um die künstlerische Seite ihrer Karriere, sondern auch um die geschäftliche, und war sich ihres eigenen Wertes durchaus bewußt.

Einige Jahre vor ihrem Tod, sandte sie an einen ihrer blaublütigen Gönner ein Bild mit den Worten: »Das wird seiner Lordschaft zeigen, was eine Frau zu tun vermag.«

> *»Sie werden den Geist Caesars in der Seele dieser Frau finden.«*
>
> Brief an einen Gönner

Bianca Capello

Bianca Capello, deren Nachname »Hut« bedeutet, war schon in jungen Jahren ein ziemliches Früchtchen. Im Alter von 15 befand die Dame, daß ihre Heimatstadt Venedig sowie ihre adlige Familie ziemlich langweilig seien. Nach einem heimlichen Techtelmechtel mit einem Geistlichen wußte sie endlich, was sie wollte. Mir nichts, dir nichts brannte sie vergnügt mit dem jungen Pietro nach Florenz, seiner Heimatstadt, durch. Sie hoffte, daß dort so richtig die Post abgehen würde.

Die mächtige venezianische Familie verlangte voller Empörung, daß Bianca zurückkommen sollte. »Auf keinen Fall«, sagten die Florentiner. Das war kurz bevor diese Sirene des 16. Jahrhunderts einem mageren, mürrisch dreinblickenden Männchen namens Francesco ins Auge fiel. Er war einer der verheirateten Medicis, der jedoch für jedes Abenteuer offen war. Er ließ schnell ein leerstehendes Familiendomizil umbauen und setzte Bianca als seine neue

Mätresse dort hinein (einfühlsam, wie er war, ließ er sogar das Familienwappen der Capellos über der Eingangstür anbringen – dort ist es heute noch zu sehen).

Sieben vergnügliche Jahre rasten vorbei. Biancas Ehemann Pietro hatte keinen Mucks von sich gegeben (er war mit einer dicken Abfindung sowie der einen oder anderen Vergünstigung bedacht worden). Trotzdem hatte das Liebespaar langsam keine Lust mehr auf die ständige Geheimniskrämerei. 1572 starb Pietro, und Bianca und Francesco waren mal hier und mal dort (seine österreichische Frau, die vor Heimweh ganz krank war und in dieser Ehe scheinbar nichts zu sagen hatte, wurde nicht um Erlaubnis gebeten).

Schließlich bekam Biancas Geliebter dann 1574 einen sensationellen Posten. Sein Vater war gestorben, und der Sohn wurde der Großherzog der Toskana. »Benissimo«, dachte Bianca, »aber ich sollte meine Stellung vorsichtshalber durch einen kleinen Medici sichern.« Pech für Bianca, sie war zu dieser Zeit gerade nicht schwanger – das hielt sie jedoch nicht von ihrem Plan ab. Sie sagte Francesco, daß sie ein Baby erwarten würde. Sie zog mehrere Lagen Kleider übereinander und trug schwere Umhänge: So konnte sie die Pseudo-Schwangerschaft geschickt bis zum Ende spielen. Nach einer »Niederkunft« in aller Abgeschiedenheit präsentierte Bianca triumphierend einen neugeborenen »Sohn« – sie hatte ihn gerade frisch von einer jungen armen Mutter bekommen. Bianca, die immer alle Details mitbedachte, beseitigte mit größter Sorgfalt die verschiedenen Mitwisser bei der Sache – aber Francesco erfuhr trotzdem die Wahrheit.

Da er nicht rachsüchtig war (ganz im Gegensatz zu seiner blutrünstigen Familie), wurde das Kind lediglich aus der Erbfolgeordnung herausgenommen. Drei Jahre später starb Francescos schon halb vergessene Ehefrau. Er und Bianca konnten endlich heiraten. Freude in Florenz. Noch größere Freude in Venedig, wo die Capellos doch noch jubelnd ihre Hüte in die Luft werfen konnten. Die glückliche Bianca, die gerade blühende Dreißig war, hatte es geschafft. Sie war jetzt Herzogin der Toskana.

Unsere venezianische Lebenskünstlerin konnte sich ganze neun Jahre an ihrem Erfolg laben. Dann starben Bianca und ihr Ehemann nach einem besonders köstlichen Bankett, das bei Francescos jüngerem Bruder stattfand hatte. Ganz plötzlich. Es versetzte wirklich niemanden in Erstaunen, daß dieser jetzt Francescos Nachfolge als Großherzog antrat.

Buran

Wer will denn schon wie ein Schiff heißen – *ihr* Name ziert Tausende von Auberginen. Buran war wahrscheinlich die schönste Frau Bagdads im neunten Jahrhundert. Sie heiratete einen Kalifen. Die Hochzeit der beiden war die größte Party der damaligen Zeit. Die Hochzeitsgesellschaft schüttete Tausende von Perlen über das Haupt des Bräutigams, als er sich auf einem Teppich aus gewebtem Gold niedersetzte. Die Bewohner Bagdads liebten Auberginen. Ihnen zu Ehren erfanden die Köche ein Gericht aus diesem violetten Gemüse und nannten es Buran. Diese Speise verbreitete sich in kürzester Zeit von Syrien bis Spanien. Nachdem man dann das millionste Auberginengericht namens Buran verspeist hatte, bekamen die Köche Appetit auf etwas anderes. Einer von ihnen hatte dann den genialen Einfall, ein hervorragendes Rezept *ohne* das Gemüse zu entwickeln. Die Chefköche in Griechenland bis Kroatien kochen heute immer noch vergnügt verschiedene Gerichte, die mit ihrem Namen an Buran erinnern – in einigen von ihnen findet sich auch ein Hauch von Aubergine. Jetzt ist klar, warum.

Bertrade

Bertrade machte mit ihren 15 Jahren gerade eine spätpubertäre Krise durch – kein Wunder. Sie war gezwungen worden, den französischen Grafen von Anjou zu heiraten, der über fünfzig war. Außerdem war dieser alte Opa schon fünfmal verheiratet gewesen. Schließlich bekamen die beiden Frischgetrauten hohen Besuch: König Philipp I. Obwohl Philipp verheiratet war, war er unglaublich sexy und noch nicht einmal 21, so daß sich Bertrade Hals über Kopf in ihn verliebte. Ganz kurz nachdem Philipp abgereist war, folgte ihm Bertrade als Page verkleidet. Dann redete das Paar auf einen Bischof ein: Er annullierte schließlich ihre früheren Ehen und verheiratete die beiden. Nun konnten sie endlich ihr Glück genießen. Ein kleiner Haken an der Sache: Der Papst meinte irgendwann feststellen zu müssen, daß die Ehe der beiden soviel wert sei wie gefälschte Dokumente, und warf Philipp deshalb aus der Kirche. Gegen 1090 war es ziemlich unpraktisch, als königliches Paar exkommuniziert worden zu sein, deshalb klagten die beiden dagegen. Und wieder und immer wieder. Bertrade wurde reife 27 und bekam drei Kinder, bevor das Pariser Gericht schließlich ihrer Scheidung zustimmte, Philipps erste Verbindung für null und nichtig erklärte und die zwölfjährige Ehe der beiden als rechtens anerkannte.

Elizabeth, Margaret & Margery Paston

Den Pastons, die Briefe und Urkunden der Familie aus drei Generationen aufbewahrt haben, gebührt großer Dank – über tausend dieser Dokumente aus der Zeit von 1422 bis 1509 sind bis heute erhalten. Dabei handelt es sich nicht um banale Postkarten. In diesem Norfolker Clan, der zur oberen Mittelschicht in England gehörte, ging es ziemlich hoch her.

Tochter Margery heiratete unter ihrem Stand: Sie liebte

Richard, den Verwalter des Familienbesitzes, der wahrscheinlich ein ziemlich anständiger Kerl war. Als die beiden bereits verheiratet waren, dies aber noch nicht ihren Familien mitgeteilt hatten, schrieb er in einem heimlichen Brief an Margery: »Wenn man bedenkt, daß wir den Bund der Ehe geschlossen haben und uns sehr lieben, ist das Leben, das wir nun führen, weder zum Gefallen Gottes noch zur Freude der Welt ... Deshalb bitte ich den Allmächtigen, uns so schnell wie es ihm gefällt zu trösten. Du und ich, wir haben das Recht, ganz nah beieinander zu sein, und sind doch ganz weit voneinander entfernt.« Als die Eltern von der Heirat hörten, bekamen sie einen Tobsuchtsanfall und sagten Margery auf nimmer Wiedersehen. Der spießige große Bruder John schien besonders erzürnt über die Tatsache zu sein, daß Margery in den Einzelhandel einstieg (und damit, o Graus, abstieg!), um Kerzen und Senf zu verkaufen. Die Familie spannte sogar den Bischof ein, damit er mit einschüchternder Geste auf sie einredete – Margery blieb standhaft. Vielleicht hatte sie sich an ihrer mutigen Schwester Elisabeth ein Beispiel genommen.

Einige Jahre vorher hatten die Eltern Elisabeth übel zugesetzt und versucht, sie zur Heirat mit einem mißgestalteten Tattergreis zu zwingen, dessen größter Vorzug seine Brieftasche war. Sie schlossen sie drei Monate lang ohne Essen in einen dunklen Raum ein und bedachten sie mehrmals wöchentlich mit Schlägen. Obwohl sie Elizabeth blutig schlugen, beugte sie sich nicht dem Willen der Eltern. Sie verließ ihr Zuhause und heiratete schließlich zweimal – beide Verbindungen waren glücklich und machten sie nebenbei noch zu einer der reichsten Frauen im mittelalterlichen England.

In den Augen ihrer Töchter war die Matriarchin Margaret eher ein Alptraum. Sie übernahm aber auch große Verantwortung. Nachdem ihr Ehemann John 1460 ins englische Parlament gewählt worden war, mußte sie die Führung des familieneigenen Hofes sowie der Pastonschen Woll- und Malzgeschäfte übernehmen. Das tat sie mit großem Geschick.

Das Leben auf dem Land war wirklich kein Zuckerschlekken. Es gab nicht nur den Zank mit den Kindern und den Ärger im Geschäft. Margaret mußte mehr als einmal zusehen, wie ihr Eigentum von bewaffneten Männern geraubt wurde – einige davon waren Nachbarn, mit denen sich die Pastons entzweit hatten! Margaret, die selbst im Belagerungszustand unerschütterlich schien, hielt die Stellung. Während einer Feuerpause schickte sie John eine kurze Nachricht und bat ihn darum, ganz schnell mehr Armbrüste zu schicken und zwei oder drei Streitäxte. Einmal wurde ihr Gut von einer Bande angegriffen, die es bis zu den Grundmauern abbrannten. Die Briefe belegen, daß das nur ein Tag wie jeder andere im Leben der Pastons war.

Johanna die Wahnsinnige

In dem königlichen Heiratskarussell hätte Prinzessin Johanna von Spanien, die Lieblingstochter von Königin Isabella, an Gott weiß wen geraten können, aber sie hatte Glück. Der Auserwählte war Philipp der Schöne, Herrscher über die Niederlande und ganz eindeutig ein holländisches Meisterwerk. Neun Jahre später ein weiterer Treffer: Da alle möglichen Erben verstorben waren, wurde die unerfahrene Johanna Königin von Spanien.

All dieses Glück – dazu die aufeinanderfolgenden Geburten von sechs Kindern – bedeutete für dieses trübsinnige Wesen, das bereits mit der melancholischen Großmutter verglichen wurde, natürlich auch viel Streß. Das Schlimmste aber war, daß der schöne Philipp nichts anbrennen lassen wollte. Es gab einige häßliche Szenen: Johanna schnitt sich vor Wut in aller Öffentlichkeit die Haare ab und ging auf eine potentielle blonde Rivalin los. Da schloß der holländische Beau sie in ihren Gemächern ein. Die Vorhängeschlösser konnten aber nicht verhindern, daß Johanna ihren Gatten wie verrückt liebte.

Als er mit 28 Jahren völlig unerwartet starb, tickte sie vollkommen aus. Um mit dieser Tragödie fertig zu werden, begab sie sich auf eine dreijährige Reise durch Spanien. Bizarrerweise schleppte sie Philipps einbalsamierte Leiche dabei mit sich herum.

Irgendwann ließ Johannas Vater Ferdinand an der Burg von Tordesillas Schlösser anbringen. Dort teilte seine arme verrückte Tochter nun ihre gemütlichen Gemächer mit ihrem inzwischen ziemlich toten Philipp. Johanna machte das nichts aus – sie hatte ihren Mann nun für sich ganz alleine *und* ihre Musik. Während der nächsten 47 Jahre ihres langen Lebens, die sie hinter Schloß und Riegel verbrachte, zeigten die Kerkermeister wenigstens Mitleid mit ihr: Zu ihrer Unterhaltung war stets eine Vielzahl von Musikern und Sängern anwesend (man weiß nicht, wie der Ort den Jungs gefallen hat – oder ob sie ihn überhaupt wieder verlassen durften). Selbst heute noch sind sich die Historiker nicht darüber im klaren, ob Johanna wirklich geisteskrank war – oder ob andere das behaupteten, um an ihrer Stelle zu regieren.

Gwerful Mechain

Gwerful war eine walisische Dichterin der zweiten Hälfte des 15. Jahrhunderts, deren gleichermaßen offene und poetische Gedichte über weibliche Sexualität großes Aufsehen erregten. Auch wenn Frau Mechain vielleicht im Mittelalter gut angekommen ist, für die heutige Zeit scheinen ihre Gedichte fast zu pikant. In die meisten Anthologien über walisische Dichtkunst hat sie keinen Eingang gefunden (die poetischen Lobgesänge des Walisers Dafydd ap Gwilym über seinen eigenen Penis scheinen weniger Unbehagen ausgelöst zu haben. Sie sind in vielen Gedichtbänden vorhanden).

Gwerful schrieb Gedichte über Natur, Gasthäuser und andere Themen. Die Krönung ihres Werkes allerdings ist ein Liedchen mit dem eingängigen Titel »Cywydd y cedor«, zu deutsch »Die weiblichen Genitalien«. Wie jeder weiß, der einmal versucht hat, ein Gedicht über Sex zu schreiben, es ist alles andere als einfach, die weibliche Biologie zu preisen. Gwerful konnte das; es läßt sich nachlesen.

Louise Labé

Sie stammte aus einer Seiler-Familie in Lyon und heiratete auch in eine solche. Louise Labé nahm das im Leben mit, was sie kriegen konnte. Sie war davon überzeugt, daß Frauen alles tun und lernen können – diese Vorstellung war in Frankreich in den zwanziger Jahren des 16. Jahrhunderts sehr verbreitet, denn das Land war gerade mal wieder von der Pest heimgesucht worden.

Louises Heimatstadt Lyon, die einzige kulturelle Konkurrenz zu Paris, war der Ort, von dem die französische Rennaissance ausging. Die bezaubernde Französin stammte zwar aus der unteren Mittelklasse, sie verschaffte sich aber selbst eine hervorragende Ausbildung. Einer Freundin schrieb sie dazu: »Die Zeit ist nun gekommen, Mademoiselle, daß die harten Gesetze der Männer die Frauen nicht länger daran hindern, sich den Wissenschaften und anderen Bereichen der Bildung zu widmen. Deshalb bin ich der Meinung, daß die Befähigten unter uns die langersehnte Freiheit dazu nutzen sollten, zu studieren und den Männern zu zeigen, auf welchem Irrweg sie sich befinden, wenn sie uns Titel und Gewinn vorenthalten. Und wenn irgendeine Frau sich jemals als so geschickt erweisen sollte, ihre Gedanken niederzuschreiben, sollte man dies zulassen. Sie sollte nicht die Ehrung verachten, sondern stolzer darauf sein als auf schöne Kleider, Halsketten und Ringe. Diese Dinge sind schmückendes Beiwerk, wohingegen die Ehre, eine gute Erziehung genossen zu haben, uns vollkommen gehört.«

Die freigeistige Frau Labé beschränkte sich selbst nicht nur auf intellektuelle Luftsprünge. Sie heiratete sehr jung den lokalen Zwirn-Zar Enno Perrin. Mit 22 begeisterte sie sich für Kampfsportarten und wurde eine hervorragende Reiterin und Bogenschützin. Louise hatte mächtigen Spaß an Turnieren, sie nahm sogar an einem Wettkampf teil, der anläßlich eines Königsbesuchs veranstaltet wurde. Während einer Belagerung von Perpignan wollte sie ihren Landsleuten helfen. Sie besorgte sich eine beeindruckende Rüstung und zog in den Kampf. Es ging nicht darum, das eigene Heim zu verteidigen – Perpignan liegt über 400 Kilometer südlich von Lyon.

Louise stürzte sich genauso ungestüm auf die Liebe wie auf alles andere, was sie lernen wollte. Und dann schrieb sie darüber. Gewisse Männer waren schockiert von ihrer Ehrlichkeit und zogen die Schlußfolgerung, daß sie ein leichtes Mädchen gewesen sei. Ich bezweifle das. Louise hatte ihren eigenen Kreis von kreativen Freunden; ihr Salon wurde zu einem der berühmtesten in Frankreich.

Louise schrieb ihre leidenschaftlichen Sonette auf italienisch und französisch. Ihre Dichtung ist sehr lebendig – einige Texte hören sich fast wie zeitgenössische Schlager an.

Küss mich noch einmal, noch einmal, küß mich noch einmal!
Gib mir noch einen von den leidenschaftlichen Küssen, die du mir sonst gibst,
Gib mir noch einen von den saftigen Küssen, nach denen ich mich sehne,
Ich gebe dir vier, die heißer als Kohle sind, zurück.

Die mutige Labé war immer realistisch und wußte um die Abgründe der Liebe, wie diese denkwürdige Zeile zeigt:

Jedes Frauenherz trägt ein Brandmal.

Tullia d'Aragona

Als Tullia d'Aragona im 16. Jahrhundert in Rom, Ferrara und Florenz ihren bezaubernden Körper feilbot, machte die Prostitution einen beachtlichen Teil des Bruttosozialprodukts in Italien aus. Allein in Venedig, eine Stadt mit 150 000 Einwohnern, arbeiteten 11 000 Huren. Wenn ein Papst versuchte, die Dirnen aus Rom zu vertreiben, hatte er sofort die Geschäftsleute am Hals, die befanden, die Stadt würde dann erheblich an Charme einbüßen.

Nun war Tullia keine billige Nutte für eine Nacht. Sie war eine kultivierte Dame, die in einem der teuersten Viertel von Florenz wohnte. Ihre wunderschöne Villa war voller Bücher und Kunstwerke. Tullia war als unglaublich aufmerksame Tischdame bekannt. Durch sie wurde jede Konversation witzig und geistreich. Sie war die uneheliche Tochter eines Kardinals, der sie großzügig unterstützte, und besaß Talent. Sie dichtete und führte einen Salon zum Thema platonische Liebe.

Tullia war modisch immer auf dem letzten Stand – und das war tatsächlich der größte Stein des Anstoßes für die wohlhabenden Damen und anderen ehrbaren Frauen aus ganz Italien. Da die käuflichen Ladies mittlerweile teuren Schmuck, prachtvolle Pelze und Kleider trugen, die ihren eigenen in nichts nachstanden, war nicht mehr eindeutig zu erkennen, wer welchem Berufsstand angehörte …

Die einflußreichen Frauen der florentinischen Gesellschaft übten auf den Großherzog großen Durck aus. Er ordnete den ansässigen Kurtisanen schließlich an, einen Schleier mit einem gelben Streifen darauf zu tragen. Dieser Schleier erhielt schnell den Beinamen »Hurenspiegel«.

So ähnelten die europäischen Kurtisanen bald den Taxis. In der Stadt Florenz konnte man die mit den gelben Streifen herbeiwinken; in Bern trugen diese Frauen grüne Mäntel; in Toulouse gab weiße Kleidung Aufschluß über den Beruf als Prostituierte.

Tullia hatte aber solch gute Beziehungen zum Herzog, daß

er bei ihr eine Ausnahme machte und ihr erlaubte, in der Öffentlichkeit ohne den »Hurenspiegel« herumzulaufen.

Als leicht blasierter und korrupter alter Aristokrat faßte der Herzog seinen Erlaß natürlich nicht in blumige Worte – etwa: »Als Anerkennung der besonderen Kenntnisse der Dichtung und Philosophie, die sie zur Freude angesehener Persönlichkeiten besitzt.« Er sagte schlicht: »Tullia muß dieser Verfügung nicht Folge leisten.«

Lady Castlehaven

Vergewaltigung in der Ehe ist keinesfalls erst im 20. Jahrhundert ein Problem geworden. Auch im Mittelalter waren Frauen davon betroffen – und eine mutige Seele ging damit sogar vor Gericht. Als 1631 der Fall von Lady Castlehaven bekannt wurde, war England schockiert. Diese Frau bezichtigte ihren Ehemann Lord Audley der Vergewaltigung. Wie während des Prozesses herauskam, stand Audley nicht nur auf erzwungenen Sex, sondern sah auch gerne dabei zu; Lady Castlehaven war mit Unterstützung ihres Ehemannes von Skipwith, dem Stallburschen, und Broadway, dem Butler, vergewaltigt worden. Nach dem Vorfall mit Broadway versuchte sie, sich umzubringen, der Butler entwendete ihr jedoch das Messer und zerbrach es. Zu seiner Verteidigung brachte der angeklagte Vergewaltiger vor, daß man sehen müsse, wie unvorstellbar schlecht das gute alte England dastehen würde, wenn man den Ehefrauen und Bediensteten erlauben würde, gegen die männlichen Haushaltsvorstände auszusagen. Lord Audley wurde trotz dieser kühnen Verteidigung in beiden Anklagepunkten schuldig gesprochen und sofort geköpft – wenn es jemals ein Abschreckungsmittel gegen Vergewaltigung gegeben hat, dann das.

Rosa Vanozza

Rosa Vanozza und andere *signorinas*, die auf ein sexuelles Abenteuer aus waren, wußten, daß die tonangebende Gestalt bei den Vergnügungssüchtigen in Italien im 15. Jahrhundert oft der mächtigste Vergnügungssüchtige war: der regierende Papst. Dies wissend, machte Rosa sich daran, »Erotikoffizierin« eines katalanischen Priesters mit Namen Rodrigo Borgia zu werden, der sich das päpstliche Amt kaufte und sich später Alexander VI. nennen durfte.

Als Kopf der Mätressenbrigade hatte Rosa Vanozza vier Kinder mit diesem mächtigen Papst und behielt weiterhin ihre schlanke Figur. Rosa war 30, als sie und Rodrigo ihr zehn Jahre währendes Abenteuer begannen. Man sagt, daß über der Tür zu Alex' Schlafzimmer ein Porträt von ihr hing – mit Rosa als Jungfrau Maria!

Rosa überlebte Ehemänner, Liebhaber, Päpste und einige ihrer Kinder. Sie verbrachte ihre goldenen Jahre in ihren Gasthäusern und Weingütern, in die sie klug investiert hatte. Im Alter von etwa 60 fing sie an zu beten und begann damit, ihr Vermögen und ihre Juwelen Kirchen und Krankenhäusern zu überschreiben. Als sie mit 76 starb, erhielt sie dank ihrer späten Barmherzigkeit ein großartiges Begräbnis mit allem, was dazu gehört. 200 Jahre lang wurden ihr zu Ehren im voraus bezahlte Messen gelesen.

Kapitel sechs

Kreuzzüge & Wallfahrten – Auf geht's

Anna Comnena

Anna Comnena war ein königliches Wunderkind, das zur Zeit des ersten Kreuzzuges in der überaus schönen byzantinischen Stadt Konstantinopel lebte. Sie wurde Schriftstellerin und schrieb über psychosomatische Leiden. So meinte sie, zwischen Neid und Wundbrand einen Zusammenhang zu erkennen. Sie selbst allerdings hätte dann als Paradebeispiel für dieses Krankheitsbild dienen können: Neid ist ein zu schwaches Wort für den Groll, den sie ihr Leben lang empfand – und über den sie unentwegt schrieb.

Prinzessin Anna wurde nämlich bereits im zarten Alter von acht Jahren zur Thronfolgerin erklärt, aber bald kam es zu erkennen tragischen Karrierebruch. Sie bekam einen Bruder, der nun ihre Stelle als Erbe einnahm. Alles wurde noch schlimmer, als ihr junger zukünftiger Ehemann starb und sie als neunjährige trauernde Verlobte zurückließ.

Der Herrscher Alexius, Annas Vater, erkannte unterdessen, daß seine geliebte Tochter nicht auf den Kopf gefallen war, und sorgte für eine hervorragende Ausbildung: Sie studierte Astronomie, Medizin, Geschichte, Militärwesen, Musik, Geographie, Mathematik und Literatur – von der Heiligen Schrift bis zu den klassischen Autoren. Dieses Studium war von großem Nutzen für Anna.

Als 1096 der Erste Kreuzzug mit Tausenden von bewaffneten Truppen, fanatischen Einzelkämpfern und unbewaffneten Pilgern in Konstantinopel einfiel, fehlte es an medizinischer Versorgung. Der Herrscher ließ ein Kranken- und Waisenhaus mit 10 000 Betten bauen; Anna wurde zur Verwalterin ernannt, und sie soll auch ab und zu sogar selbst Hand angelegt haben. Ihr Vater litt an Gicht; sie begann mit dem Studium medizinischer Problemfälle und schrieb darüber.

Berühmtheit erlangte die Prinzessin posthum für ihr Werk

Die Alexiade. Abgesehen von den Lobeshymnen auf ihren Vater berichtet Anna darin über das Kommen und Gehen der Kreuzfahrer (oder »Franken«, wie die Byzantiner sie nannten). Sie kann mit gutem Gewissen als einzige Augenzeugin der stürmischen Ereignisse bezeichnet werden. Ihre Berichte machen deutlich, daß die Kreuzzüge nicht nur Männersache waren: »Sie drängten sich in jeder Straße voller Eifer und Begeisterung; und mit diesen Soldaten kamen eine Unmenge von Zivilisten, deren Zahl größer war, als es Sandkörner am Strand gibt. Sie hatten Palmzweige in der Hand und trugen Kreuze auf den Schultern. Darunter waren auch Frauen und Kinder, die aus ihren Heimatländern hierhin aufgebrochen waren. So wie die Nebenflüsse in einen Fluß münden, so strömten sie aus allen Richtungen zu uns.«

Die Autorin Comnena schreckte vor keinem Thema zurück: Sie berichtet über die Art und Weise, wie ein Flammenwerfer auf den Schiffen ihres Vaters zu gebrauchen wäre, und über Greueltaten der Kreuzfahrer (dazu gehört das Grillen von Babys und Kannibalismus), als sie die Stadt Nizäa für das gute alte byzantinische Reich zurückeroberten.

Trotz ihrer beachtlichen Errungenschaften fühlte Anna sich betrogen und versuchte weiterhin, irgendwie doch noch auf den Herrscherthron zu kommen. Obwohl sie ihre Position verbesserte, indem sie heiratete und zwei Söhne zur Welt brachte, kam sie nie auf Platz eins. Sie war alles andere als feige. Selbst nach dem Tod ihres Vaters im Jahre 1118 versuchte sie alles, um den Thron für ihren Ehemann zu ergattern – zu ihren trickreichen Strategien gehörten zwei Verschwörungen, um ihren Bruder, den frisch ernannten Herrscher, zu beseitigen. Aber auch das war umsonst.

Als sie mit ihren dilettantischen Putschversuchen schließlich aufflog, landete die unzufriedene Anna im Kloster. Dort hatte sie die folgenden 35 Jahre Zeit (der Traum eines jeden Schriftstellers!), um gemächlich an ihrem Manuskript und ihren boshaften Bonmots zu feilen.

Elisabeth Quintin

An Gräbern von Heiligen gibt es stets eine Menge Kohle zu verdienen. Das wußte auch die Französin Elisabeth Quintin, eine fliegende Händlerin. Ihr Erfolg beim Verkauf von religiösen Andenken stand in engem Zusammenhang mit dem beliebtesten Zeitvertreib im Mittelalter: auf Wallfahrt gehen. Europa war voller Heiligengräber. Sie waren durch große Wallfahrtsrouten miteinander verbunden. Rechtfertigungen für diese Reisen waren schnell bei der Hand: Glaubensprüfung, Abenteuer – selbst Buße für Schwerverbrechen! Da es noch keine Aufkleber, T-Shirts oder vergleichbare Mitbringsel gab, kauften die Pilger Erinnerungsstücke von den Gräbern, die sie besucht hatten. So konnten sie Nachbarn, Priester, Bewährungshelfer und andere skeptische Personen davon überzeugen, daß sie tatsächlich dort gewesen waren. Jedes Grabmal hatte sein eigenes Erinnerungsstück; zu dem Grab des Heiligen Jakob von Compostela in Spanien gehörte zum Beispiel die Jakobsmuschel. Nicht jeder dahergelaufene Gauner konnte die Symbole vertreiben, die die Pilger dann auf ihre Kleidung nähten. Die frohlockende Elisabeth hatte die Konzession für die begehrten Erinnerungsstücke der Kathedrale in Le Puy und erkannte, daß der Glaube Berge (von Souvenirs!) versetzen kann. Sie wurde mit ihrem Geschäft zu einer wohlhabenden Frau.

Zubayda

Als Aaron, ein Enkel des Propheten Mohammed, seine Cousine Zubayda zum ersten Mal sah, wußte er sofort, was er wollte. Er machte sie unverzüglich zu seiner Frau. Als Aaron der erste Kalif von Bagdad wurde, stellte Zubayda einen prunkvollen Hof zusammen. Sie war eine glamouröse Erscheinung und servierte in juwelenbesetzten Schuhen Kostbarkeiten wie geeiste Melone, die zu Fuß aus Persien importiert wurde. Sie organisierte phantastische Veranstaltungen mit Tausenden von Beteiligten und schwimmende Konzerte auf dem Tigris. Zubayda hatte noch weitere Trümpfe für höhere Ziele unter ihrem fliegenden Teppich. Sie ließ Straßen ausbessern, ein Aquädukt konstruieren, Straßenwälle graben und Herbergen bauen. Und das alles, um die fast 1500 Kilometer lange Wallfahrtsroute zwischen Bagdad und der heiligen Stadt Mekka zu verbessern (da die Christen sich unentwegt auf Wallfahrten begaben, wollte jeder gläubige Moslem natürlich auch Mekka besuchen – eine solche Wallfahrt gehört im Islam zu den fünf Hauptpflichten). Zubayda ließ außerdem moslemische Städte wieder aufbauen. 792 wurde ihr Sohn Kalif. Die liebevolle Mama hatte kaum Zeit, sich ein passendes Kostüm für die Vereidigung zu organisieren, da wurde er schon bei einer Auseinandersetzung um die Thronnachfolge getötet. Die außerordentlich großherzige Zubayda verzichtete darauf, sich für den Tod ihres Sohnes zu rächen. Auf diese Weise konnte in ihrem Land ein Bürgerkrieg verhindert werden.

Perlenregen

1249 zogen die Armeen der Kreuzritter unter der Führung des ungeschickten Königs Ludwig IX. Richtung Ägypten – auf der Suche nach einer ganz profanen fetten Beute. In Ägypten sah es zu dieser Zeit im Zelt des Oberbefehlshabers ziemlich übel aus – der Sultan war gerade verstorben. Wie das Glück es wollte, war die Frau des Sultans (oder Konkubine, je nachdem, welchem Bericht man Glauben schenken soll) im Zeltlager zugegen. Der poetische Name Shajar al Durr oder »Perlenregen« ließ zwar etwas anderes hoffen, aber Shajar war aus hartem Holz geschnitzt.

Sie sagte niemanden etwas über den Tod des Sultans und gab den Truppen täglich Berichte über die »fortschreitende Genesung« ihres Führers. Außerdem erteilte sie Befehle, die angeblich vom Sultan stammten. Die größte Herausforderung war natürlich für sie dabei der ungekühlte Leichnam.

Die kluge Ägypterin zeigte sich jedoch auch diesem Problem gewachsen und nahm sich zusammen, während der Tote langsam zu verwesen begann.

Unter ihrer heimlichen Führung griffen die ägyptischen Truppen die Kreuzritter-Armee an und schnitten bald deren Versorgungsrouten ab. Von Ruhr und Hunger ausgezehrt, mußten Ludwigs Truppen eine schändliche Niederlage einstecken (bei der breiten Palette von üblen Schlachtfeld-Gerüchen erstaunt es nicht, daß niemand den elendig vor sich hin gammelnden Leichnam bemerkte – als die Kreuzfahrer wieder unterwegs nach Hause waren, ließ Shajar schnell eine Totenfeier mit den angemessenen Ehrungen veranstalten).

1250 tauchte dann Turan auf, der Sohn des Sultans und rechtmäßiger Thronfolger. Er war fest entschlossen, der nächste Herrscher zu werden. Unverzüglich wurde er von der Pro-Perlenregen-Fraktion um die Ecke gebracht. Während der nächsten sieben Jahre stand Shajar an der Spitze des Landes – wenn ihre Position auch etwas wacklig war. In den umliegenden Ländern war man ihr gar nicht wohlgesonnen. Das syrische Oberhaupt fand, daß Frauen nichts in der Regierung zu suchen haben. Der Herrscher in Bagdad war verstimmt, weil er Perlenregen ursprünglich dem letzten Sultan als Geschenk für sein Harem gesandt hatte. Und es war nun wirklich nicht in Ordnung, wenn ein Geschenk mehr tat, als nur gut auszusehen.

Die erschöpfte Sultana Shajar heiratete schließlich einen hohen Militär, um dem Ärger ein Ende zu machen. Der Gatte sollte dann Sultan werden. Gegen 1257 hatte sie genug vom Eheleben. Sie ermordete ihren neuen Ehemann. Dies allerdings provozierte eine ähnlich brutale Gegenreaktion. Perlenregen wurde gezwungen, von der Zitadelle in Kairo in einen Graben zu springen. Dabei durfte sie natürlich keinen Fallschirm benutzen – ein niederes Ende für eine machtvolle Frau mit großen Ambitionen.

Marie Valence

Die gerissene Marie Valence vergegenwärtigte sich, daß eine Armee eine ganze Menge Essen braucht, als ihr 1248 zu Ohren kam, daß der siebte Kreuzzug begonnen hatte. Tausende von Rittern und Pilgern sowie die Gläubigen, die ihnen folgten, mußten auf der Reise ernährt werden. Marie lebte in Marseille. Die Regierung der französischen Hafenstadt versuchte, das Geschäft mit dem Kreuzzug auf wenige wichtige Händler zu beschränken. Deshalb verboten sie den anlegenden Schiffen, bei anderen Händlern Vorräte einzukaufen. Marie und ihr Geschäftspartner umgingen geschickt diese Handelsbeschränkung, indem sie auf einer küstennahen Insel in der Bucht, nur einen Suppenknochen-Wurf von der Stadt entfernt, eine Fleischerei eröffneten, wo die Schiffe Vorräte bunkern konnten. Ohne Zweifel erging es diesem französischen Schlachterduo besser als den Kreuzfahrern. Obwohl eine Menge Menschen abgeschlachtet wurden, erwies sich Kreuzzug Nummer sieben im religiösen und im militärisch-taktischen Sinne als Niederlage.

Katharina von Siena

Die katholische Kirche versuchte im Mittelalter, den heidnischen Gebräuchen ein Ende zu machen, so auch der Penis-Verehrung, genannt *fascinum*. Um 1350, zu Lebzeiten von Katharina von Siena, brüsteten sich Hunderte von Kirchen damit, die Vorhaut Jesu (oder zumindest einen Teil davon) als Reliquie zu besitzen.

Katharina setzte noch einen drauf. Sie behauptete, Jesus hätte ihr seine heilige Vorhaut persönlich als Ehering geschenkt! Diese Behauptung verschaffte der Visionärin, die auch Mitglied des Dominikanerinnenordens, eines karitativ tätigen Laienordens, war, in kürzester Zeit eine riesige Anhängerschaft. Die meisten davon waren Frauen – kein Wunder, denn im Mittelalter war der Glaube verbreitet, daß die heilige Vorhaut ein todsicheres Mittel sei, um schwanger zu werden.

Auch wenn diese religiösen Groupics, die sogenannten »Caterinati«, ein bißchen wenig zu Essen bekamen, zeigten sie sich doch als Sekretärinnen von unschätzbarem Wert. Katharina hatte sich das Lesen selbst beigebracht und niemals schreiben gelernt. Sie hatte allerdings eine Menge zu erzählen. Die Caterinati schrieben Hunderte von Briefen, die ihnen die »süße heilige Mutter«, wie sie sie nannten, diktierte und die sie an mächtige Herrscher wie Päpste oder Prinzessinnen verschickten.

Katharina hatte sehr hochgesteckte Ziele: Sie wollte Frieden schaffen zwischen Florenz und dem Papst und mit einem weiteren Kreuzzug einen Krieg gegen die Ungläubigen anzetteln. Außerdem war sie empört über die Päpste in Rom und Avignon, die sich unablässig bekämpften (die Rivalität war durch eine Kirchenspaltung entstanden, die über Jahrhunderte nicht aufgehoben wurde). 1376 konnte Katharina Papst Gregor XI., den sie »süßer *babbo* mein« nannte, dazu veranlassen, die päpstliche Niederlassung in Avignon zu schließen – wenngleich nur vorübergehend. Als er zwei Jahre später starb, begann das Gerangel um die Papstwürde erneut.

Päpste sind eben Päpste. Katharinas Wirken war wahrscheinlich im säkularen Bereich erfolgreicher. Während der Schwarze Tod in Europa seine Runde machte, kümmerten sie und ihre Anhängerschaft sich um die Pestkranken und begruben eigenhändig die Toten.

Caterina Benincasa wurde in eine Familie mit bereits 22 Kindern geboren. Von Anfang an besaß sie einen ziemlichen Schuldkomplex, den sie sozusagen mit der Muttermilch aufgesogen hatte. Sie hatte noch eine Zwillingsschwester, Giovanna. Während Katharina von der Mutter gestillt wurde, kam Giovanna zu einer Säugamme in Pflege und starb. Katharina benutzte in ihren späteren Predigten und Schriften oft das Bild, daß sie von der Brust Jesu genährt wurde. Heutzutage würde man diese Fixierung auf Essen und alles, was mit der Brust zu tun hat, wohl als neurotisch bezeichnen. Zu Katharinas Lebzeiten wurden jedoch ihr Fasten sowie ihr Einsatz, Essen an die Armen und Kranken zu verteilen (manchmal zu verwunderlich später Stunde), allgemein bewundert und fand Nachahmer. Das galt auch für ihre Anstrengungen, die Lust am Essen zu überwinden, indem sie Dreck aß.

Diese sanfte blonde Frau wurde kaum 30 Jahre alt. Im Grunde ist es ein Wunder, daß sie überhaupt so lange überlebt hat, wenn man bedenkt, wie sehr sie ihren Körper durch Fasten, Auspeitschen und andere Kasteiungen gequält hat. Sie geißelte sich dreimal täglich – einmal für den Vater, einmal für den Sohn und einmal für den Heiligen Geist. Ab einem gewissen Zeitpunkt hörte sie ganz auf zu essen und kaute nur noch bittere Kräuter und trank Wasser – um sich anschließend daran zu übergeben. Einige Kritiker Katharinas behaupteten, daß ihre Magersucht auf eine Geisteskrankheit schließen ließe und daß sie besessen sei. Als Konsequenz wurde sie genauestens von der Inquisition observiert. Auch wies man ihr einen besonderen Beichtvater zu, der sie überwachen sollte. Katharina rettete sich durch Aufrichtigkeit, Mut und radikale Frömmigkeit – das führte schließlich auch zu ihrer Heiligsprechung. Wie sie einmal sagte: »*Vidi arcana Dei* – ich habe die verborgenen Dinge Gottes gesehen.«

»Wir sind in dieses Leben wie auf ein Schlachtfeld gesetzt worden, und wir müssen den Kampf des Guten kämpfen.«

– Dialog mit dem Allmächtigen

Celie Rebbe Amelakens

Da mußte im 14. Jahrhundert erst die bekannte belgische Geldwechslerin Celie Rebbe Amelakens und ihre streitsüchtige Brutschaft daherkommen, um mal so richtig vorzuführen, was eine gestörte Familie ist.

Sie stammte aus einer Familie von Fischhändlern in Gent und hatte lange Jahre ihren eigenen Fischstand, bevor sie in der Nahrungskette ein ganzes Stück weiter nach oben kam und Geldwechslerin wurde. Ihre Tätigkeit beinhaltete viele Abläufe, die heute von Banken erledigt werden.

Diese arbeitswütige Frau heiratete einen älteren Mann und bekam mit ihm vier Kinder. Diese machten sich bald daran, die belgischen Gerichtsakten mit kleineren und größeren Straftaten zu füllen. Im Jahr 1353 brachte Jan, der älteste Sohn, einen gewissen Pete Taffymaker um und machte sich dann auf und davon. Mutter und Vater mußten für den Mord büßen.

Die mittelalterlichen Gesetze hatten eine Menge Bußtaten anzubieten: finanzielle Wiedergutmachungen bei den Opfern, körperliche Bestrafungen (wie Folter und Verstümmelung) und Wallfahrten. Zu Celies Zeiten landeten selbst die Mörder nur selten im Gefängnis, da es nur wenige Zellen gab. Uns erscheint vielleicht ein drei- bis sechsmonatiger Fußmarsch nach Jerusalem oder Rom nicht gerade als das geeignetste Abschreckungsmittel. Aber wer weiß – vielleicht zeigten ja die Anstrengungen der Reise und der religiöse Reinigungsakt am Zielort mehr Wirkung als die heutige Resozialisierung jugendlicher Straffälliger.

Aus derlei Gründen also begaben sich die Söhne von Celie und deren Cousin auf Wallfahrt. In den folgenden zwölf Jahren verbrachten diese verkommenen Kleinkriminellen, die immer wieder rückfällig wurden, mehr Zeit auf der Straße als zu Hause. Neben weiteren Vergehen wurden die Jungs sicherlich auch wegen Mordes angeklagt (die Morde gingen angeblich nicht alle auf ihre Kappe, wobei jedoch die entsprechenden Zeugen immer irgendwie Komplizen waren).

Frau Amelakens ihrerseits arbeitete hart, investierte in Grundeigentum, kam zu einem beachtlichen Vermögen (das war vor allem deshalb wichtig, da sie Witwe geworden war und ihre Söhne weiterhin die aggressive Seite ihres eigenen Charakters erforschten) und versuchte, das beste aus der ganzen Sache zu machen.

Es wurde zu einem Alptraum, weil sie im Grunde niemandem in ihrer Familie vertrauen konnte. Trotz seines besorgniserregenden Strafregisters und seiner Unstetigkeit bei der Arbeit machte sie ihren Sohn Jakob zum Geschäftspartner. Ein schlechter Schachzug: Bald schon hatte sie Streit mit ihm und ihrem ältesten Sohn Jan, der Weinhändler geworden war.

Oft war Celie krank vor Kummer über ihre Kinder und darüber, Picknicks für endlose Pilgerreisen packen zu müssen. Wenn das einmal nicht der Fall war, erschien sie bei Gericht, um über die Klagen und Gegenklagen ihrer Nichten, Neffen und angeheirateten Verwandten (und ihrer eigenen, muß man hinzufügen) zu verhandeln. Die Klagen dieser begeisterten Rechtstreiterin und oft ausgenutzten Unternehmerin füllen immer noch die Aktenschränke der Stadt Gent.

Selbst nach ihrem Tod konnte Celie keinen Frieden finden, da ihre Kinder begannen, sich um ihr Erbe zu zanken. Jakob, der wahrscheinlich als am meisten gehaßter Sohn der ganzen Familie einen Preis gewonnen hätte, ruinierte schließlich als letzte Amtshandlung ihr Geschäft, das sie über 26 Jahre hinweg aufgebaut hatte. Celie hätte vielleicht doch bei ihrem Fisch bleiben sollen.

Die Waschfrauen der Kreuzritter

Kriegsführung war nie reine Männersache. Im Mittelalter hatten die Waschfrauen zum Beispiel einen ganz entscheidenden Einfluß auf das Wohlbefinden der Armee der Kreuzritter. Das erste, was jede Seite nach einer Schlacht tat, war, die gefangengenommene Wäscherinnen-Truppe loszukaufen. Andere Begleiterinnen (Prostituierte, Krankenschwestern, Freundinnen, Köche und so weiter) ließ man zurück, aber auf die bisher wenig beachteten Sockenwäscherinnen war man angewiesen.

Warum waren diese seifigen Nichtkämpferinnen so wichtig? Aus einem sehr triftigen Grund: Man brauchte sie zum Entlausen.

Zu Hause hatten die Männer normalerweise eine Frau oder Freundin, die sie mit Hingabe pflegte. Auf dem Schlachtfeld, in einer Rüstung, die zwischen 30 und 60 Pfund wog und mit Filz gepolstert war, konnte man jedoch im wahrsten Sinne des Wortes die Krätze kriegen. Es gab keine Bademöglichkeit weit und breit, und man schwitzte wie ein Schwein. Parasiten und Infektionen waren größere Feinde als die Ungläubigen. Der britische Historiker Christopher Tyerman bemerkte dazu: »Die Waschfrauen machten das Leben der Kreuzritter erträglicher (und verhinderten, daß sie von Seuchen hinweggerafft wurden), indem sie sie entlausten.«

1187 verlor die Armee die Beute der letzten beiden Kreuzzüge. Wie jeder wußte, konnte das nicht der Fehler des Allmächtigen sein; der Verlust war auf den Mangel an Eifer und Frömmigkeit bei den Menschen zurückzuführen.

Die religiösen Organisatoren und königlichen Führer erließen deshalb für den dritten Kreuzzug ein Dekret folgenden Inhalts: »Diesmal wird der Kreuzzug ein wahrlich heiliger Krieg werden – Frauen sind nicht erlaubt! Mit Ausnahme der Waschfrauen natürlich, die weder Last noch Anlaß zur Sünde sein werden.«

1192 verloren die Kreuzritter die Schlacht um Jerusalem. König Richard Löwenherz und sein Gegner, der arabische Herrscher Saladin, kämpften um ein für beide Seiten akzeptables Friedensabkommen.

Einer der Verhandlungspunkte war vermutlich das Wäscherinnenproblem. Die Kreuzritter mochten zwar verloren haben. Bevor sie aber nicht ihre Schädlingsbekämpfungstruppe heil zurückhätten, würden sie nicht mit dem Rückzug beginnen.

Trotz der ausführlichen Literatur zu den Kreuzzügen wird man vergeblich nach einer Auflistung der unerschrockenen Frauen suchen, die den Rittern so viel bedeuteten. Wie bei anderen großen Taten der bescheideneren Art vollbrachte dieses großartige weibliche Pflegepersonal der Geschichte seine Arbeit vollkommen anonym – um so wichtiger ist es, sie an dieser Stelle zu ehren.

Agnes Fingerin

À propos Vermächtnis – Agnes Fingerin war eine wohlhabende Witwe aus Görlitz, die höchst erfolgreich im Textilgewerbe tätig war. Sie hatte ganz schön viel Grips. Sie hatte sich ein riesiges Vermögen erarbeitet und zahlte viel an den städtischen Steuereintreiber. Sie legte fest, daß die bei diesem Betrag anfallenden Zinsen den örtlichen Krankenhäusern zugute kommen sollten. Agnes unterstützte ihre Stadt auch noch in anderer Hinsicht. 1471 richtete sie einen Fonds ein, aus dem die Armen mit Brot (das nach ihr »Agnetenbrot« genannt wurde) versorgt werden sollten. Diese Frau wußte zu investieren: 500 Jahre später wurden aus ihrem Erbe immer noch die hungrigen Görlitzer mit Brot gespeist. Irgendwie hat Agnes Fingerin auch noch Zeit zum Reisen gefunden – das war ebenso anstrengend wie das Geschäftemachen. Neben anderen Fahrten machte sie von ihren heimischen Gefilden aus eine Wallfahrt nach Jerusalem und dem Heiligen Land – zu Pferd.

Eleonore von Aquitanien

Eleonore von Aquitanien, die bei weitem bezauberndste Persönlichkeit Europas im 12. Jahrhundert, hatte großen Spaß daran, sich in ihre auffällige goldene Rüstung zu werfen. Sie scharte einige tausend Vasallen und ein paar adlige Freundinnen in entsprechender Kleidung um sich und brach zu einem Kreuzzug auf. Sie wurde 83 Jahre alt und hat erstaunlich viel erreicht und so manches Abenteuer durchlebt.

15 Jahre lang herrschte sie als Königin von Frankreich,

50 Jahre lang war sie dann Königin von England. Sie brachte 10 Kinder zur Welt – wenn sie nicht gerade damit beschäftigt war, zu musizieren, sich um Gesundheitsvorsorge zu kümmern oder politische Taktiererei zu betreiben.

Als Jetsetterin – 900 Jahre bevor das Wort überhaupt erfunden wurde – mußte Eleonore stets mehrere Dinge gleichzeitig tun. So war sie mit ihrem Ehemann König Ludwig VII. zum zweiten Kreuzzug nach Jerusalem unterwegs, als sie angesichts der Gemetzel am Wegesrand Krankenhäuser für die Verletzen gründete. Anschließend reiste sie weiter nach Antiochia, wo sie mit ihrem Onkel Raimund und anderen vergnügungssüchtigen Königskindern von Syrien flirtete. Der zerknirschte Ludwig ließ sich unterdessen Haare und Bart abscheren, was die Königin zu der Feststellung »Dieses Kinn ist ein Trennungsgrund« veranlaßte. Die Ehe, aus der zwei Töchter hervorgegangen waren, wurde annulliert.

Die inzwischen dreißigjährige Eleonore heiratete schnell den neunzehnjährigen Heinrich II., der kurz darauf König von England wurde. War es diesmal die große Liebe? Es ging wohl eher um die Zusammenlegung von Besitztümern: Das gemeinsame Herrschaftsgebiet der beiden umfaßte England und mehr als die Hälfte von Frankreich – was Eleonores Exmann ebenso umtrieb wie die Tatsache, daß sie mit ihrem Heinrich männliche Erben zeugte. Bald liefen acht kleine Plantagenets durch die Gegend. Diese Ehe entpuppte sich auch nicht gerade als besonders großartig: Heinrich wurde immer fetter und begann sie zu betrügen.

1170 hatte sie ein für allemal genug von dem Schürzenjäger Plantagenet. Sie verwandelte die Höfe in Frankreich und England zusammen mit ihrer Tochter Marie in »Liebeshöfe« voller Troubadoure. »Wahre Liebe spielt sich nur zwischen Singles ab«, war das Motto.

Leidenschaft mag ja Spaß machen und den Spieltrieb wecken. Eleonore fand jedoch entschieden mehr Spaß an Politik und Krieg. Als Fünfzigjährige führte sie zusammen mit zwei Söhnen die aquitanische Armee gegen Heinrich.

Er besiegte die Königin mit größter Anstrengung und brachte sie 15 Jahre lang ins Zuchthaus. Zugegeben, es war eher eine Art Hausarrest in mehreren zugigen Burgen – aber Strandausflüge waren nicht drin.

Als Heinrich 1189 starb, wurde sie aus ihrem Gefängnis befreit, und ihr Lieblingssohn Richard bestieg den Thron. Dieser Richard »Löwenherz« überließ ihr die Herrschaft über England und brach zum dritten Kreuzzug auf. 95 000 seiner 100 000 Leute kamen dabei um, er selbst wurde gefangengenommen. Aufgrund dieser haarsträubenden Bilanz war niemand daran interessiert, ihn freizukaufen. Nachdem Richard zwei Jahre in einem Wiener Gefängnis geschmachtet hatte, mußte seine gute alte Mutter eingreifen. Sie schrieb dem Papst haßerfüllte Briefe und kratzte die 130 000 Mark Lösegeld selbst zusammen.

Ihren jüngsten Sohn Johnny, Heinrichs Liebling, mochte sie eigentlich nicht so sehr. Als er König von England wurde, half sie aber auch ihm aus der Patsche: Sie war nahezu 80, als eine Rebellion gegen den König aufflackerte. Eleonore verließ das traute Heim, warf sich ihre Rüstung über, die inzwischen arg aus der Mode gekommen war, und führte ihre eigene Armee an, um den Aufstand niederzuschlagen.

Weibliche Troubadoure

Da es damals noch keine Stereoanlagen gab, hörten Musikbegeisterte wie Eleonore von Aquitanien (deren Großvater der erste bedeutende Troubadour war) immer Live-Musik. Durch Eleonores Begeisterung und ihren Einfluß als Königin von Frankreich und später von England wurden die Troubadoure bald zu musikalischen Berühmtheiten. Unter ihnen befanden sich auch einige Frauen, die in ihren Liedern über den steinigen Weg der höfischen Liebe klagten und kecke Vorschläge darüber von sich gaben, wohin jemand ihr Herz stecken sollte. *Trobairitz* war das provenzalische Wort für weibliche Troubadoure. Für die Künstlerinnen war es nicht einfach aufzutreten. Tatsächlich begannen viele von ihnen als wohlhabende Mäzene der männlichen Troubadoure. Später dann wagten sie den Schritt zu eigenen Interpretationen und Kompositionen. Eine Französin aus dem Norden des Landes, die sich selbst »Marie de France« nannte (man nimmt an, daß dies ein Künstlername für eine angeheiratete Verwandte von Eleonore war), landete als Minnesängerin am englischen Hof einen Hit nach dem anderen. Dabei handelte es sich nicht um Drei-Minuten-Stücke; Maries »Lais« und andere Romanzen waren Hunderte von Zeilen lang. Schon zu Maries Lebzeiten war ihre Musik international berühmt – in den Texten forderte sie voller Kühnheit die Frauen dazu auf, beim Sex die Initiative zu ergreifen. Sie wurden ins Altnordische, Mittelenglische und Mittelhochdeutsche übersetzt.

Die meisten *trobairitz* kamen aus Südfrankreich – die Minnesänger-Förderin Maria de Ventadorn zum Beispiel heiratete in eine blaublütige Sänger-Familie ein und trat sowohl an Eleonores als auch an ihrem eigenen Hof auf. Bisher ist man nur auf eines ihrer Lieder gestoßen; darin tritt sie für Liebesbeziehungen ein, die selbst von radikalen Feministinnen der heutigen Zeit im ursprünglichen Wortlaut befürwortet werden könnten: »Die Dame sollte genau dasselbe für ihren Geliebten tun, das er für sie tut, ohne Rücksicht auf die soziale Klasse; in einer Beziehung sollte niemand die Führung übernehmen.«

Die Gräfin von Die schlug einen anderen Weg ein. In einem der vier Lieder, die von ihr erhalten sind, schreibt sie so bittersüß und modern, daß man meinen könnte, es handele sich dabei um einen Popsong: »Zu mir bist du so kalt, und alle anderen genießen deinen Liebreiz.« Es gab auch weibliche Troubadoure, die ganz offen ihre Liebe zu anderen Frauen ausdrückten, etwa Beatritz de Romans – sie verfaßte eine ungeheuerliche Ballade an eine gewisse Maria.

Auch wenn unsere Informationen über die Lebensdaten

dieser Frauen (mindestens 15 sind mit Namen bekannt) unzureichend sind, ist uns glücklicherweise zumindest ein Teil ihrer Musik und Texte erhalten geblieben.

Melissande

Man sollte sich keine falsche Vorstellung davon machen, auf welche Weise die Kreuzritter die heilige Stadt Jerusalem einnahmen. Und ihr Führungsstil dort ließ auch ziemlich zu wünschen übrig. Aber es waren nicht nur Männer, die in der Stadt für Unheil sorgten. Königin Melissande zum Beispiel, die zwischen 1131 und 1152 in Jerusalem regierte, war ebenso talentiert wie ihre männlichen Gegenspieler, wenn es darum ging, die Goldene Sittenregel und die Zehn Gebote zu mißachten.

Mels Eltern, Königin Morphia und König Baldwin kümmerten sich voller Sorge darum, einen geeigneten Ehemann für die Tochter und zukünftige Königin zu finden. Währenddessen hatte Mel eine heiße Affäre mit einem gutaussehenden Kerl namens Hugh. Dieser allerdings war von so niederem Geschlecht, daß er im Wettstreit um eine eheliche Verbindung mit Melissande noch nicht einmal ins Halbfinale gekommen wäre.

Die Eltern entschieden sich schließlich für einen Franzosen namens Fulk V. von Anjou. Mama und Papa veranstalteten für ihre Tochter das phantastischste Hochzeitsfest, das die Christenheit je gesehen hatte. Melissande war nicht gerade begeistert, da Fulk erstens zu klein sowie zweitens zu alt war und drittens eine Gesichtsfarbe hatte, neben der ein Schotterweg geradezu strahlte. Ihr Geliebter hatte einen ähnlichen Schlamassel am Hals, da er inzwischen eine wohlhabende Witwe mit erwachsenen Kindern geheiratet hatte.

Selbst nachdem Melissande Königin von Jerusalem geworden war, fuhren die beiden fort, sich gegenseitig zu trösten – um das mal euphemistisch so zu bezeichnen. Das führte zu großen Eifersuchtsdramen mit dem Angeheirateten. Innerhalb kürzester Zeit gab es in Jerusalem ein Duell, einen mißlungenen Mordversuch und eine öffentliche Hinrichtung, bei welcher der arme Hugh im wahrsten Sinne des Wortes zu Hackfleisch verarbeitet wurde. Diesmal hielt Königin Melissandes schlechte Laune über mehrere Jahre an.

Gegen 1143 hellte sich ihr Gemüt auf, als König Fulk vom Pferd fiel und zu Tode getreten wurde. Jetzt war Alleinherrschaft angesagt.

Als einige Jahre später der Zweite Kreuzzug das Heilige Land mit Glanz und Glorie erreichte, befand sie sich auf dem Höhepunkt ihrer Karriere (sie hatte die Kreuzritter schon aufgegeben – es waren Jahre vergangen, seit sie die Botschaft »Jersualem ist in Schwierigkeiten – schickt Kreuzfahrer« zusammen mit einem Holzsplitter aus dem Originalkreuz nach Westen gesandt hatte). Da waren sie nun. Und Melissande mimte die Gastgeberin für die Crème de la Crème des europäischen Adels: Sie spazierte Arm in Arm mit Königin Eleonore von Aquitanien durch die Gegend, plauderte bei gekühlten Getränken mit zwei deutschen Königen und Eleonores Ehemann, dem französischen König Ludwig.

Ihre Gastfreundschaft wurde allseits gelobt. Die Kreuzfahrer – vor allem die Frauen, die monatelang kein anständiges Wohnhaus oder eine Feuchtigkeitscreme mehr gesehen hatten – fühlten sich wie im christlichen Himmel. Aus Europa waren sie nur zugige, mit Hunden überfüllte düstere Burgen gewohnt, und so beeindruckte sie Melissandes luxuriöses Mobiliar, die orientalischen Teppiche, die Mosaiken und die seidene Bettwäsche. Natürlich verordnete Melissande ihnen auch eine Besichtigungstouren zu ihren Bauprojekten.

Als die Gesellschaft wieder abreiste, brach in Jerusalem die große Langeweile aus. Interessant wurde es erst wieder, als Melissandes Sohn Baldwin alt genug war, um sein Interesse an der Herrschaft über das Königreich zu bekunden. Um ihn glücklich zu machen, sagte sie: »Gut, wir schmeißen ein großes Fest – und lassen uns beide zusammen krönen.« Trotzig willigte Baldwin ein. Er änderte jedoch auf ganz hinterhältige Art das Datum für die Krönung und ließ sich ohne seine Mutter zu einem früheren Zeitpunkt krönen.

Die anschließenden Auseinandersetzungen der beiden dauerten Jahre. Bis sich Mutter und Sohn schließlich dafür entschieden, die Sache auf eine reife Art und Weise zu beenden: Sie teilten das Heilige Land in zwei Hälften. Melissande hatte irgendwann keine Lust mehr, sich mit ihrem Sohn zu bekriegen, und ließ sich in dem mittelalterlichen Äquivalent zu einem Altersheim nieder: einem Kloster, das sie in Bethanien gegründet hatte. Von dort aus waren es nur einige Minuten bis zu ihrer Grabstätte.

Eglentyne

Die Verehrer von Chaucers *Canterbury Tales* mögen vielleicht den Eindruck haben, daß die Charaktere aus diesem Klassiker des 14. Jahrhundert frei erfunden sind. Bei der Priorin ist das jedoch nicht der Fall. Ihre Figur geht auf Madame Eglentyne, das Oberhaupt eines englischen Nonnenklosters, zurück. Es existieren immer noch umfangreiche Kirchenakten über ihr Leben.

Wie zahlreiche andere Kinder im Mittelalter hatte Eglentyne nicht zu entscheiden, ob sie ein religiöses Leben führen wollte oder nicht. Ihr Vater zahlte eine unverschämt hohe Aufnahmegebühr, eine Art Mitgift, und deponierte seine kleine Tochter in einem Kloster. Dort wuchs sie auf, lernte Singen, Lesen, Französisch und Nähen.

Es stellte sich heraus, daß die grauäugige Eglentyne genau das besaß, was man haben mußte, um Priorin zu werden: ein nettes Wesen, gute Beziehungen zur Oberschicht und anständige Tischmanieren. Das war zumindest das, was für die Nonnen zählte, die sie nach dem Tod der alten Priorin als Nachfolgerin wählten. Ein Nonnenkloster zu führen, bedeutete, gleichzeitig ein Unternehmen, einen Bauernhof und eine religiöse Einrichtung zu führen. Eglentyne sollte eine vernünftige Buchführung betreiben und Gewinne erwirtschaften. Sie war darin nicht besonders gut. Glücklicherweise hatte der Bischof ihre Phobie gegen Mathematik mitbekommen und nahm sich dieser Angelegenheiten an.

Eines Tages begab sich Eglentyne auf religiöses Glatteis: Kleider, Hunde, Tanz und diese dämonischen Wallfahrten bedeuteten den Untergang einer jeden Nonne. Für Nonnen gab es eine Kleiderordnung – das Gewand mußte alles verdecken und schwarz sein. Eglentyne verstand nicht so recht, welches Übel von goldenen Ringen, Haarnadeln, einem silbernen Gürtel, Kopfbedeckungen, die über einen halben Meter hoch waren, und Pelzen ausgehen konnte. Außerdem besaß sie ein Kleid mit einer Schleppe für besondere Anlässe. Am meisten schockierte jedoch, daß sie ihren Gesichtsschleier nach hinten zurückschlug, so daß die Welt ihre vollkommen nackte Stirn sehen konnte (hohe, auffällige Augenbrauen waren zu ihrer Zeit höchst modern – nicht allerdings bei Nonnen, von denen erwartet wurde, daß sie ihre Brauen mit einem Schleier verdecken).

Tiere im Kloster waren ebenfalls nicht gestattet, weil man fürchtete, sie könnten schädlich für die Disziplin sein – Eglentyne besaß einen oder zwei Köter. Sie konnte nicht umhin, auf eine andere Priorin verweisen, die es sich erlaubte, eine ganze Hundeschar und einen Affen in ihrem Zimmer zu halten.

Am ungeheuerlichsten jedoch war, das Priorin Eglentyne es wagte, »in der Welt umherzuwandern«. Dieser schwammige Ausdruck konnte alles bedeuten, von kleinen Einkaufsbummel ins Dorf bis zu Wallfahrten im Canterbury-Stil quer durch England. Eglentyne, die zusammen mit einer Nonne und drei Priestern reiste, legte bei ihren »Geschäftsreisen« mehr Kilometer zurück als die Hälfte aller Bischöfe (natürlich war das Reisen bei männlichen Würdenträgern akzeptiert).

Seit 791 hatte der Klerus die Ordensfrauen dazu aufgefordert, in den Klöstern zu bleiben. Mehrere Jahrhunderte lang versuchten Bischöfe, Eglentyne und ihresgleichen dazu zu zwingen, diesem Befehl zu gehorchen. Bis exakt zum Jahr 1545. Da löste Heinrich VIII. alle Nonnenklöster in England auf – die englischen Nonnen wurden in die Welt hinausgejagt und mußten dort umherwandern, ob sie wollten oder nicht.

Margery Kempe & Julian von Norwich

Die meisten Menschen, die Margery Kempe begegneten, hätten sich lieber auspeitschen lassen, als längere Zeit in ihrer Gegenwart verbringen zu müssen. Das bedeutete nämlich religiöse Ermahnungen, flammende Reden für eine größere Reinheit, Tränenfluten, ganz zu schweigen von Ohnmachtsanfällen, schrillen Schreien und durchdringendem Brüllen. Angenehm war Margery wahrlich nicht. Sie stammte aus der englischen Mittelklasse und war die Tochter eines Bürgermeisters. Lesen und Schreiben hatte sie nie gelernt. Trotzdem führte sie ein außergewöhnliches Leben.

Oder genauer: zwei Leben. Als junges Mädchen beging Margery eine Sünde, die sie auf ewig in die Hölle verdammte. So dachte sie zumindest. Nach ihrer Hochzeit und der Geburt ihres ersten Kindes versuchte sie, diese Sünde zu beichten, brachte es aber einfach nicht über sich. Der Glaube an die eigene Verdammnis führte zu einem psychischen Zusammenbruch. Daraufhin hatte sie eine Erscheinung, in der Gott ihr sagte, daß er ihr vergeben würde. Sie erholte sich, kaufte sich wieder schicke Kleider, lebte glücklich mit ihrem Ehemann und bekam 13 weitere Kinder.

Neue Klamotten und weitere Mäuler, die es zu stopfen galt, waren ganz schön teuer. Um an etwas mehr Geld zu kommen, begann Margery, eine Brauerei zu betreiben. Aber ihr Unternehmen erwies sich als nicht profitabel, auch wenn man sich das in Großbritannien, dem Land der Biertrinker, kaum vorstellen kann. Auch als Müllerin war sie wenig erfolgreich. John hatte alle Hände voll mit seiner

Gattin zu tun und gab schließlich die gemeinsame Arbeit auf.

Dann hatte Margery die Idee, Bekehrerin im Auftrag des Herrn zu werden. Ihre Karriere als Wanderpredigerin stand in der Tradition der Beginen-Bewegung (die Beginen waren Frauen, die ein religiöses Leben außerhalb des Klosters führten; sie waren in ganz Europa zu finden). Margery hatte aber das Bestreben, ganz unabhängig religiös zu wirken. Um nicht den gefährlichen Stempel, eine Häretikerin zu sein, aufgedrückt zu bekommen, brauchte sie Referenzen – deshalb bearbeitete sie Julian von Norwich, Englands bekannteste Einsiedlerin oder Rekluse. Julian, eine vergnügte Mystikerin, die in ihrer winzigen Zelle die *Offenbarungen der Göttlichen Liebe* geschrieben hatte, glaubte an einen liebenden Gott und ehrte ihn durch ihr einfaches Leben. Nichts hatte diese 70jährige Weise in ihren Offenbarungen aber auf die geschwätzige Margery vorbereitet. Die plapperte so lange, bis sie aus Julian ein Empfehlungsschreiben herausgequetscht hatte.

Margery hatte nun das Gefühl, daß sie dem Sex entsagen müßte, und überredete ihren Mann zu einer Scheidung – auf daß beide spirituelle Glückseligkeit erlangen würden.

Anschließend machte sie sich auf zu ihrem größten Abenteuer: eine Wallfahrt ins heilige Land. Innerhalb kürzester Zeit gelang es Margery, die männlichen Mitreisenden mit ihren hysterischen Anfällen und Predigten auf die Palme zu bringen. Sie waren so irritiert , daß sie ihr das Geld zurückgaben, das Margery als Teilnahmegebühr an die Gruppe entrichtet hatte, und flohen. Mit einem alten Mann als Führer und Beschützer an ihrer Seite, konnte die unerschütterliche Kempe aber trotzdem unbehelligt von Banditen die Alpen überqueren. In Venedig, in dem Schiff Richtung Palästina, stieß die Gruppe wieder auf Margery. 1414 gingen sie und ihre hart erprobten Mitfahrer an Land.

Es war durchaus üblich, daß die christlichen Pilger, die nach Jerusalem kamen, sangen, schluchzten und die heiligen Orte mit Küssen bedeckten und andere Arten von Gefühlsausbrüchen zeigten. Niemand jedoch übertraf Margerys Vorstellung in der Grabeskirche. Während sie sich von Altar zu Altar bewegte, wurde sie von Krämpfen geschüttelt, stieß furchterregende Schreie aus und hatte lebhafte Visionen von den Wunden Christi. Diese beschrieb sie der zum Teil ehrfürchtigen und zum Teil erschrockenen Menge.

Schließlich machte sich Margery mit der Sicherheit eines Platzes im Paradies zu einer ereignisreichen Rückreise nach England auf. Später reiste sie zu Wallfahrten nach Spanien und Norwegen. Als sie um die 60 war, bezahlte sie einen Schreiber, der ihre Memoiren niederschrieb. Darin bezeichnete sich Margery Kempe selbst als »diese Kreatur«. Da sich ihr Schreiberling als Niete erwies – er hatte Deutsch und Englisch vollkommen unverständlich miteinander vermischt –, beauftragte sie zwei weitere damit, das Buch zu beenden. Diese alptraumhafte Produktionsdauer war jedoch nichts verglichen mit der Zeit, die nötig war, um das Buch drucken zu lassen. Ganze 503 Jahre, nachdem ihre höchst gefühlvollen Worte niedergeschrieben worden waren, kam das Buch *Leben und Pilgerfahrten der Margery Kempe* aus dem Druck. Es vermittelt uns einen verwirrenden Eindruck von jener mal religiösen und mal rauhen Welt, die unserer in vielem vergleichbar ist.

Johanna von Orléans

Über wenige weibliche Jugendliche in der Geschichte ist so viel geschrieben worden wie über Johanna von Orléans. Johanna war mutig und ein guter Mensch.

Mit 13 hörte sie die Stimme Gottes, die ihr weissagte, sie würde dem geschwächten König Karl VII. helfen, gegen die Engländer zu kämpfen und die belagerte Stadt Orléans zu befreien. Innerhalb von drei Jahren hatte sie die einflußreichen Frauen um den König auf ihrer Seite, und Karl war bereit, ihr eine Armee zur Verfügung zu stellen. Sie führt eine 4000 Mann starke Truppe an und trug dabei eine wunderschöne glänzende Rüstung. Am 28. April 1429 befreite Johanna die Stadt Orléans. Im Sommer desselben Jahres gehörte der Krieg gegen England schon der Vergangenheit an, und Karl wurde in Reims gekrönt. Der König sorgte dafür, daß Johannas Verwandte während der Zeremonie einen guten Sitzplatz hatten, und fragte Johanna, was sie als Dank haben wollte. Dieses altruistische Fräulein sagte: »Wie wäre es, wenn Sie die Steuern in Domremy (ihrem Heimatdorf) und Greux senken?« Der überraschte König willigte ein; über Jahrhunderte wurden in den beiden Dörfern keine Steuern erhoben.

Die Schlachten während des Hundertjährigen Krieges waren wie das Showgeschäft – du bist nur so gut wie dein letzter Erfolg. Es gelang Johanna nicht , Paris für Karl einzunehmen, und sie wurde von den Engländern festgenommen. Der französische König unternahm nichts. Während des Gerichtsprozesses hoben Johannas Ankläger hervor, daß sie Männerkleidung trug, um zu beweisen, daß sie eine Hexe und Herätikerin sei. Am 30. Mai 1431 wurde Johanna von Orléans im Alter von 19 Jahren (und immer noch Jungfrau, obwohl sich die Engländer sehr darum bemüht hatten, das während ihres Gefängnisaufenthalts zu ändern), auf dem Scheiterhaufen verbrannt. Auch dies ertrug sie mit einer erstaunlichen Würde – dank ihres Glaubens an Gott und ihre Rolle, die sie bei der Befreiung ihres Landes einzunehmen hatte. 20 Jahre später revidierte der König das Todesurteil gegen sie. Ihre Familie wurde mit einer finanziellen Entschädigung und Ehren bedacht; ganze 500 Jahre später wurde die tapfere junge Frau heiliggesprochen.

»Kinder sagen, daß die Leute manchmal dafür am Galgen enden, daß sie die Wahrheit sagen.«

Johanna von Orléans während des Gerichtprozesses am 23. Februar 1431

Die Möchtegern-Johannas

Das kompromißlose Leben der Märtyrerin und Heldin Johanna von Orléans im 15. Jahrhundert begeisterte eine große Anzahl von selbstmordwilligen Möchtegern-Johannas. Die meisten von ihnen nannten sich Johanna oder Jeanne, um die Ähnlichkeit mit der Frau, die sie bewunderten, zu unterstreichen. Darunter befand sich Jeanne La Férone aus Le Mans. Sie gehörte zu einem der Frauentrosse, die der Armee folgten, und gab an, sie könne Geschwüre heilen, Ereignisse voraussehen und Armeen führen. Als sich ihre prahlerische Aussage, daß sie Jungfrau sei, als falsch herausstellte, wurden auch ihre anderen Behauptungen überprüft, und sie wurde dazu verurteilt, in Sack und Asche durch das Dorf zu laufen.

Eine andere Imitatorin war die Jungfrau von Sarmaize, die in Männerkleidung umherstreunte, predigte und bei den Freunden und Verwandten der wahren Johanna nach Zuspruch suchte (als sie den nicht bekam, wollte sie wenigstens Kost und Logis). Eine dritte Kandidatin namens Pierronne hörte ebenfalls Stimmen; sie soll in der französischen Armee gekämpft haben. Wie ihr Vorbild wurde Pierronne zum Tod durch Scheiterhaufen verurteilt.

Jeanne des Armoises, die originellste der Möchtegern-Johannas, war Mutter von zwei Kindern. Zwei Jahre lang kämpfte sie derart vorbildlich für Frankreich, daß man ihr die Befehlsgewalt über zahlreiche Soldaten übertrug. Auch diese Johanna wurde dafür gerügt, daß sie keine Jungfrau mehr war. Sie antwortete darauf: »Mein Wert hängt nicht von meiner Jungfräulichkeit ab.« Trotz ihres Wertes und scharfen Verstandes endete Jeanne in Eisen und mußte sich 1440 selbst zur Betrügerin erklären. Vielleicht war ja das Schicksal trotzdem auf ihrer Seite. Das Protokoll eines Inquisitors aus dem Jahre 1440 spricht mit Bedauern von »einer, die dem Scheiterhaufen entkam«. In diesen brutalen Zeiten, in der in jeder Frau eine Hexe vermutet wurde, beweist das großes Talent.

Kapitel sieben

Hexenzauber & Hexenverfolgung

Gracia Mendes Nasi

»Gott hat Probleme geschaffen. Und Schultern« lautet sinngemäß ein jiddisches Sprichwort. Gracia Mendes muß demnach ein Kreuz wie ein Bahnarbeiter gehabt haben. Zu ihren Lebzeiten (ungefähr von 1510–1569) hatte das jüdische Volk vier harte Jahrhunderte hinter sich. Die Kreuzfahrer, die durch die Lande gezogen waren, um Ungläubige zu ermorden, hatten auch zahlreiche Juden umgebracht. Aus Ländern, die ein Stück Heimat geworden waren, waren Juden vertrieben worden. Als mittelalterliche Sündenböcke, die für alles herhalten mußten, wurden die Juden für Seuchen, Hungersnöte und Hexerei verantwortlich gemacht. Und man beschimpfte sie, weil sie keine guten Christen wären.

Ist es da ein Wunder, daß sich die ersten 40 Lebensjahre der in Portugal geborenen Gracia lesen wie der Reisepaß eines Weltenbummlers? Sie und ihre wohlhabende Familie wurden als »neue Christen« bezeichnet, oder auch als *marranos* (was soviel wie Schwein heißt). Das war der Beiname für Juden, die gezwungen worden waren, zum Christentum zu konvertieren. Wie auch immer, Gracia hat ihre Zugehörigkeit zum Judentum nie verleugnet. Mit achtzehn heiratete sie Francisco Mendes, es hätte aber genausogut ein untergetauchter Rabbi sein können.

Das Paar war im Gewürzhandel tätig, die Geschäfte florierten; acht Jahre später war Gracia Witwe und hatte eine kleine Tochter. Im selben Jahr ließ der Papst die heilige Inquisition in Portugal richtig hart durchgreifen. Gracia sammelte Neffen, Schwester und Tochter ein und raffte ihr Vermögen zusammen. Sie wanderte in Europa von einem Ort zum anderen, immer auf der Suche nach einem Land, in dem sie auch als Jüdin leben konnte. Sie machte einen kurzen Stopp in England (keine Chance), vertändelte Zeit in Antwerpen (ihr Geld war willkommen, ihre Religion nicht so sehr) und trieb sich in Venedig herum (wo sie vorübergehend im Gefängnis landete). In Ferrara in Italien hoffte Garcia, endlich in einem sicheren Hafen angekommen zu sein.

Diese höchst mobile Dame führte nicht nur erfolgreich ihre Geschäfte, sondern sie war auch für ihren politischen Aktionismus bekannt. Zum Beispiel bearbeiteten sie und ihr Schwager den Papst, er solle doch die Inquisition in Portugal stoppen. Dieser war so erstaunt über die unverfrorene Art, mit der sie ihr Anliegen vorbrachten, daß er sich einverstanden erklärte – zumindest für eine Weile. Dann verschaffte Gracia Hunderten von portugiesischen Juden eine Fluchtmöglichkeit aus dem Land. In Ferrara benutzte sie zum ersten Mal in ihrem Leben ganz offen ihren vollständigen Namen, Gracia Mendes Nasi.

Es schien, als hätte sie erst gerade ihre Sachen ausgepackt, als der Ärger schon wieder losging. Diesmal bot ihr jedoch jemand tatsächlich Asyl an – niemand geringeres als der türkische Sultan. 1553, ganze 17 Jahre, nachdem Gracia und ihre Familie Portugal verlassen hatten, ließen sie sich in Konstantinopel nieder. Gracia wurde dort zur einflußreichsten Frau ihrer Zeit. Sie half nicht nur anderen Menschen und machte Geschäfte. Daneben hatte sie auch einen Riesenkrach mit einem weiteren Papst, der dabei war, die *marranos* in Italien zu verfolgen.

So gastfreundlich Gracia in Konstantinopel auch aufgenommen worden war und so luxuriös und frei ihr Leben dort sein mochte, sie kam immer mehr zu der Überzeugung, daß Palästina der beste Ort für Juden wäre. Deshalb bot diese frühe Zionistin den Türken (denen Palästina zu dieser Zeit gerade gehörte) einen Haufen Dukaten: Sie wollte versuchen, in Tiberias, am See Genezareth, eine jüdische Siedlung zu gründen. Nachdem das Geschäft unter Dach und Fach war, ließ sich Gracias Gemeinde, die aus 60 000 Seelen bestand, an dem See nieder. Wahrscheinlich wurde Tiberias für Gracia in den ihr noch verbliebenen Jahren bis zu ihrem Tod zu einer Art zweiten Heimat. Obwohl viele der ursprünglichen Siedler den Ort verließen, als die Begründerin gestorben war, gibt es Gracias Vision im Kern immer noch. Ihre Heimat, die Türkei, die sie damals aufgenommen hatte, hat sie ebenfalls nicht vergessen – Synagogen in Izmir und an anderen Orten tragen immer noch ihren Namen.

Isabella von Kastilien, Königin von Spanien

Sí, sí, sí, sagte Isabella zu Ferdinand, ihrem wohlerzogenen Kousin zweiten Grades. 1469 entschloß sie sich, ihn zu heiraten, um damit die Vereinigung Spaniens zu besiegeln. Diese resolute junge Königin von Kastilien aß anstelle von Churros und Schokolade Ehrgeiz zum Frühstück. Sie hatte schon als junges Mädchen einiges verkraften müssen: Verbannung, Anschläge und die Intrigen eines schmierigen Halbbruders und einer unehelichen Schwester. Abgesehen davon war sie ein Gewinner-Typ, kannte militärische Tricks und konnte gut verhandeln. Bei den öffentlichen Ehrenbezeigungen für männliche Familienoberhäupter machte sie ebenfalls eine gute – unterwürfige – Figur (das wurde von den Spanierinnen auch so erwartet).

Als Isabel heiratete, bestand sie auf Freiheit und Gleichheit. Sie würde über Kastilien herrschen, Ferdinand über Aragonien. Zusammen würden sie Spanien regieren. Als Philosophie ihrer Arbeitsteilung wählte sie folgendes Motto: »*Tanto monta, monta tanto, Fernando como Isabel, Isabel como Fernando*«, was soviel bedeutet wie: »Sie herrschen mit gleichen Rechten und sind beide gleichermaßen gut, Isabella genauso wie Ferdinand und Ferdinand genauso wie Isabella.«

Isabella verfügte als zupackende Königin über erstaunliche Energie und war außerdem eine verblüffende Reiterin auf dem Schlachtfeld. Neben ihren Auftritten als Amazone erfüllte sie jedoch auch ihre Rolle als königliches Zuchttier und gebar in 15 Jahren fünf Kinder.

Isabellas gute Erziehung war aufgrund der schmutzigen Politik am Hof, der ständigen Reiterei und anderen Dingen vernachlässigt worden. Als sie älter wurde, bedauerte sie das und holte Beatrix Galindo und Francisca de Lebrija, die berühmtesten weiblichen Köpfe ihrer Zeit, an ihren Hof. Unter anderem brachten sie Isabella und ihren Töchtern Latein (die Sprache der Diplomatie und Religion) bei.

Isabella war politisch sehr geschickt, fromm, voller Energie, gescheit, rechtschaffen und voller Visionen. Ihr fehlte nur eine Eigenschaft, die sie zu einer vollkommenen Persönlichkeit gemacht hätte: religiöse Toleranz. Als strenge Katholikin führten sie und Ferdinand Ende des 15. Jahrhunderts einen teuren Krieg im eigenen Land, dessen einziges Ziel darin bestand, die Mauren, die Juden und die Zigeuner zu bekehren, zu vertreiben oder gar auszulöschen. Das Duo brachte auch die Inquisition richtig ins Rollen. Es kam in ganz Europa zu Ketzertribunalen, Hexenverfolgungen und anderen Katastrophen.

Die Königin konnte aber auch Mitleid empfinden. Wenn es um Stierkämpfe ging, war sie auf der Seite des Stieres (bei der Geburt ihres Sohnes Juan erlaubte sie nur widerwillig einen öffentlichen Stierkampf).

Isabellas größtes Verdienst in ihrer dreißigjährigen Regierungszeit war wohl der Auftrag an Christoph Kolumbus. Er hielt sich eine Ewigkeit am spanischen Hof auf und bettelte darum, nach einer kürzeren Route nach »Las Indias« (also den Fernen Osten und Indien) suchen zu dürfen. Er versprach Gewürze, Gold und andere nützliche Dinge. Die Königin und Kolumbus hatten eine Menge gemein: Beide besaßen einen geradezu mystischen Glauben an ihre göttliche Mission. Sie hatten außerdem beide kastanienbraunes Haar und blaue Augen. Da der König von der ganzen Sache nicht so begeistert war, ließ er Isabella ihr eigenes Geld in diese Reise über den Ozean investieren (sie hatte bereits ihre teuersten Juwelen für die Vertreibung der Mauren hergegeben, weswegen Kolumbus nur noch die billigsten Schiffe bekam). Als sich herausstellte, daß in der Neuen Welt gar nicht so viele Gewürze zu finden waren, forderte sie Gold, aber in dieser Angelegenheit war Kolumbus nicht gerade erfolgreich

Dennoch umgab die Ausbeute aus der Neuen Welt – und Isabella durch ihre Rolle bei deren Entdeckung – eine goldene Aura. Das wird auch durch Münzen wie die *Excellente* belegt, auf welcher Isabella und Ferdinand Nase an Nase dargestellt werden. Selbst auf dieser Münze ist zu sehen, daß Isabella größer war als der König – auch im übertragenden Sinne.

Nicolaea & Alice Samuel

In der Renaissance hatten es die Frauen wohl am schlimmsten. Der Stempel »Hexe« bedeutete Folter und ein fünfzigprozentiges Risiko, hingerichtet zu werden. Das galt für Hundertausende von Europäerinnen. In diesem Krieg gab es keine Grenzen; soziale Kontrolle und Terror, der sich hauptsächlich gegen Frauen richtete, waren angesagt. Während da Vinci malte und Shakespeare schrieb, während Hunderte von heiligen Frauen wie die heilige Katharina Beifall erheischten, wurden Tausende andere bei lebendigem Leib verbrannt.

Viele von ihnen waren Heilerinnen, deren Arbeit durchaus in der Gemeinschaft akzeptiert war. Eine französische Heilerin, genannt Nicolaea, lernte zum Beispiel ihr Handwerk zu einem schrecklichen Preis – anstatt für die Ausbildung zur Seuchen-Vertreiberin ein Honorar zu verlangen, mußte sie ihrem Lehrmeister gefügig sein (Nicolaea bekam als »Bonus« einen unehelichen Sohn von ihm, den sie alleine aufziehen mußte). Im Jahre 1587 wurde ihr Mentor wegen Zauberei angeklagt und verurteilt. Kurz danach wurde Nicolaea angeheuert, die Burg von Dammartin von Seuchen zu befreien. Sie leistete ihre Arbeit und wurde dafür bezahlt. Doch dann wurde die Frau eines Beamten krank. Und die Seuchen-Vertreiberin, die einen Zauberer zum Lehrmeister gehabt hatte, wurde als die Schildige erklärt. Nicolaea und ihr Sohn landeten im Gefängnis. Eine wirklich vertrackte Situation – wenn Nicolaeas Patientin sterben sollte, würde sie dafür verantwortlich gemacht und verprügelt werden. Wenn sie sie heilte, leistete sie ihrer Verurteilung als Hexe Vorschub.

Wie das so oft bei einer Hexenjagd passiert, wandte sich der Sohn von ihr ab. Als er bei einem Fluchtversuch gefaßt wurde, sagte er: »Prügelt die Wahrheit aus ihr heraus!« Genau das taten sie, bis Nicolaea sich damit einverstanden erklärte, die Erkrankte zu behandeln. Durch ihre Pflege wurde die Frau wieder gesund; Mutter und Sohn wurden freigelassen. Sie hatten schon fast die Burgtore passiert, als sie erneut aufgegriffen, eingesperrt und verhört wurden. Schließlich konnte Nicolaea nicht mehr und sagte ihren Folterern alles, was sie hören wollten. In einem flammenden letzten Akt wurden Mutter und Sohn gemeinsam auf dem Scheiterhaufen verbrannt.

Kinder spielten bei den Hexenprozessen eine große Rolle – manchmal waren sie auch die Opfer. Man glaubte, daß Mütter ihre Zauberkraft auf die Töchter übertrugen. Von Zeit zu Zeit landeten deshalb sogar schon Kleinkinder im Gefängnis. Sogar Achtjährige wurden hingerichtet. In dem panischen Klima der Zeit herrschte der Glaube, daß der Teufel Hexen einsetzte, um die patriarchalischen europäischen Gesellschaften zu zerstören. Aus diesem Grund wurden Kinder meistens als Ankläger benutzt, unter Druck gesetzt und ermutigt, gegen die Erwachsenen auszusagen.

In einem ganz üblen Fall klagten fünf englische Mädchen, die Throckmorton-Schwestern, Alice Samuel, eine ältere Dorfbewohnerin, an, sie behext zu haben – und später die Bediensteten der Familie. Heutzutage würde man wahrscheinlich sagen, daß die Anfälle, schrillen Schreie und Haßattacken der Mädchen ein Trick waren, um Aufmerksamkeit auf sich zu ziehen oder sich vor Arbeit zu drücken. 1592 waren diese Methoden jedoch als »Beweisführung« akzeptiert. Ähnliches galt für Träume. Lady Cromwell, eine Freundin der Familie, trat mutig Frau Samuel gegenüber, nannte sie eine Hexe und schnitt ihr eine Haarsträhne ab (man glaubte, daß das Verbrennen von Haaren die magischen Kräfte mindern würde). In dieser Nacht träumte Lady C. von einer Katze, die versuchte, ihr die Haut blutig zu kratzen – ein klarer Fall von Rache durch Alice. Auch Lady Cromwell hatte Anfälle und starb schließlich, ein weiterer Beweis für Alices Zauberkraft.

Schließlich überzeugten die Schwestern Frau Samuel, daß sie eine Hexe wäre. Alice war nachher sogar so weit, daß sie glaubte, sie habe sechs Küken benutzt, um die Kinder zu verhexen und Lady Cromwell umzubringen. Im Grunde lächerlich, aber es erwies sich als tödlich für Alice. Die Geschworenen in dem Gerichtsprozeß erklärten sie für schuldig; Frau Samuel wurde zusammen mit ihrer Tochter und ihrem Ehemann gehängt. Ihr Eigentum wurde dem Ehemann von Lady Cromwell zuerkannt – ein unerhoffter Glücksfall, nicht selten das Motiv hinter solchen Anklagen.

Im Mittelalter wurden zahlreiche Gruppen verfolgt – Juden, Moslems, Indianer, Häretiker. Die Hexen-Manie bezog sich jedoch ganz systematisch auf Frauen. Diese Sündenböcke waren meist Nachbarinnen, das Kräuterweib um die Ecke, die eigene Mutter. Wie bei anderen Massenvernichtungen ist die stärkste Waffe auch hier die Auslöschung der Erinnerung an diese Menschen. Deshalb sollten Frauen wie Nicolaea und Alice Samuel und das, was man ihnen wie weiteren Hunderttausenden angetan hat, nicht vergessen werden.

Lady Killigrew

Das Leben als Ehefrau des Vize-Admirals von Cornwall konnte furchtbar langweilig sein. Lady Killigrew hatte große Ambitionen – aber was sollte sie tun? Sie war fest entschlossen zu reisen, suchte nach risikoreichen Herausforderungen und wollte mit Menschen arbeiten ... plötzlich kam ihr die Killigrew-Familientradition in den Sinn: Freibeuterei. Nach einigen Probeläufen gemeinsam mit ihrem Ehemann stach sie in einer Frühlingsnacht des Jahres 1582 alleine in See. Die anvisierte Beute: ein deutsches Schiff, das mit allerlei netten Sachen beladen war und im Hafen von Falmouth im Süden von Cornwall vor Anker lag. Mit der Kapitänin am Ruder näherten sich Schiff und Besatzung dem Kahn, auf den sie es abgesehen hatten.

Killigrew, die neue Chefin an Bord, hatte nicht vor, die Drecksarbeit anderen zu überlassen, und führte ihre wilde Truppe eigens mit Entermesser und Pistole an. Nachdem sie die Mannschaft über Bord geworfen hatte, sah sie sich die Fracht an. Anfängerglück ohne Grenzen: Zu ihrer Beute gehörten Silberbarren, die sie zusammen mit ihrer Piratenbande an den Strand ruderte.

Lady Killigrews Karriere als Haudegen wurde jedoch jäh von einer Spielverderberin beendet: Königin Elisabeth I. Obwohl Elisabeth bei den englischen Kaperschiffen zuvor immer ein Auge zugedrückt hatte (in der Hoffnung, die Spanier und andere Europäer aus ihrem Revier herauszubekommen), war Killigrew ein bißchen zu dreist vorgegangen. Schweren Herzens ließ die Königin verlauten, daß Killigrew sehr unartig gewesen sei. Der Luxuspiratin wurde der Prozeß gemacht, und sie und ihre Schiffsoffiziere wurden zum Tod durch den Strang verurteilt.

Wie in einem guten englischen Kriminalroman dachte die Königin dann doch noch einmal nach, und Lady Killigrews Todesurteil wurde zu einer ziemlich langen Gefängnisstrafe umgewandelt (England ist bekanntermaßen ziemlich feucht, und besonders behaglich waren die Gefängniszellen damals nicht gerade. Unsere so grausam in die Schranken verwiesene Karrierefrau hätte es vielleicht doch vorgezogen, gehängt zu werden ...).

Reyna Nasi

Reyna Nasi, eine ungewöhnlich kluge junge Jüdin, verbrachte die ersten 20 Jahre ihres Lebens damit, Koffer zu packen und wieder auszupacken. Ebenso wie der Rest ihrer Familie. Unter Führung der charismatischen und aktiven Gracia Mendes Nasi wanderte die Familie durch ganz Europa. Sie waren auf der Suche nach einem Zuhause, wo sie in Ruhe als Juden leben konnten. Als die Familie sich endlich in der Türkei niederließ, wurde Reyna von ihrer Mutter gedrängt, ihren Cousin Joseph Nasi zu heiraten. Was sie auch gehorsam tat. Joseph wurde die rechte Hand der Matriachin und leitete die Handelsflotte der Familie und andere Geschäfte. Erst als Mutter und Ehemann gestorben waren, ging Reyna ihre eigenen Wege. Sie machte sich einen Namen als Druckerin. Sieben Jahre lang druckte sie für die jüdische Gemeinde in der Türkei Bücher in hebräischer Sprache. Die immer weiter steigende Nachfrage nach Büchern auch in anderen Ländern brachte Reyna eine Menge Aufträge und großen Wohlstand ein.

Eufanie Macalyne

Im Mittelalter waren Geburten eine äußerst schmerzhafte Angelegenheit. Davon wußte auch Eufanie Macalyne ein Lied zu singen. Mit Vorsorgeuntersuchungen sah es ganz finster aus, mit Hygiene ebenfalls, von Verhütung einmal völlig abgesehen. Wer mochte da dieser schottischen Edelfrau einen Vorwurf machen, die etwas zur Schmerzlinderung wollte Eufanie fragte ihre Hebamme nach einem kleinen Schuß Drogen. Sie wurde der Hexerei beschuldigt, zum nächsten Scheiterhaufen gezerrt und für ihre unglaubliche Frechheit bei lebendigem Leib verbrannt. Hatte sie zu dem Zeitpunkt schon entbunden? Wurde die Hebamme ebenfalls verurteilt? Die Akten geben darüber keine Auskunft. Wenn die Kreißende zur Linderung der Schmerzen nach einem christlichen »Talisman« gefragt hätte, um sich ihn um den Oberschenkel zu binden, wäre ihr sofort einer besorgt worden. Alles andere war jedoch in Schottland – wie in Deutschland – im Jahre 1591 ein Kapitalverbrechen. Diese beiden Länder teilten, wie man weiß, den zweifelhaften Ruf, grausame und großangelegte Hexenjagden und Exekutionen zu veranstalten.

Erszebet Báthory

Ob es etwas mit dem Wasser in den Karpaten zu tun hatte? In jenen einsamen Gefilden, die heute zu Rumänien gehören, lebte der furchteinflößende Vlad Tepes, auf dem die Figur von Graf Dracula beruht. Aber Vlads Taten gehörten in die Provinzliga verglichen mit dem, was sich während des »Transylvanischen Terrors« abspielte. Nur einen Steinwurf von seiner Burg entfernt lebte eine ungarische Sadistin namens Erszebet Báthory. Das Wort »blutrünstig« erhielt durch sie eine vollkommen neue Bedeutung. Gräfin Erszebet war davon besessen, jung bleiben zu wollen. Sie dachte, ein tägliches Bad in dem Blut junger Mädchen würde helfen. Da es in ihrem Schloß und der Umgebung unzählige wehrlose Mädchen gab, mordete sie munter ganze 610 junge Geschöpfe, bevor ihr irgend jemand auf die Schliche kam. Trotz ihrer eher stümperhaften detektivischen Fähigkeiten konnten die Behörden den Fall der Gräfin vor Gericht bringen; Erszebet hatte über ihr blutiges Gesundheitsprogramm peinlich genau Buch geführt. Diese Unterlagen waren 1611 im Prozeß gegen sie das Hauptbeweisstück. Nachdem man diese Frau, die Dracula bei weitem übertraf, schuldig gesprochen hatte – was Wunder –, wurde sie in ihr eigenes Schloß eingemauert. Dort starb sie drei Jahre später. Möchte man jedenfalls hoffen.

Alice Kyteler & Petronilla von Meath

Die Geschichte von Alice Kyteler und Petronilla von Meath ist ein Paradebeispiel für den Mut der Kelten.

Im frühen 13. Jahrhundert sandte der Papst einen englischen Bischof namens Richard Ledrede nach Kilkenny. Er sollte dort ein Ketzergericht einsetzen, in Irland nach Hexen herumschnüffeln und eine in der Gemeinschaft angesehene Frau systematisch zu Fall bringen. Dadurch würde zum einen die herrschende Klasse in Irland Respekt vor dem Papst bekommen – zum anderen würden diese freigeistigen Keltinnen in ihre Schranken verwiesen.

1324 fand der Bischof ein geeignetes Opfer – eine wohlhabende dreifache Witwe namens Alice Kyteler, deren vierter Ehemann wahnsinnig geworden war. Zudem hatten sich noch einige ihrer Kinder bitterlich darüber beklagt, aufgrund der Fülle von Nachkommen nicht an das ihnen zustehende Erbe zu kommen. Bischof Ledrede nahm diese betrübten Kinder in Gewahrsam und bearbeitete sie zusammen mit seiner Inquisitions-Mannschaft, die sich bestens mit Einschüchterung und Folter auskannte. Bald hatte er sie so weit, daß sie eine ganze Liste von angeblichen Verbrechen zusammenstellten: Ja, ihre Mutter hatte ganz ohne Zweifel ihre Ehemänner umgebracht, jeder wisse, daß sie dem Teufel neun Hähne und neun Pfauen geopfert habe, und höchstwahrscheinlich schlafe sie mit einem Teufel namens Robin MacArt.

Leider war Bischof Ledrede mit derlei Tricks bei Alice an der falschen Adresse. Sie diskutierte noch nicht einmal mit ihm über die politischen Hintergründe der Anklage – sondern sie nahm die Sache in die Hand. Dank ihrer guten Beziehungen innerhalb der Familie konnte sie erwirken, daß der Bischof festgenommen und für die Dauer von 17 Tagen ins Gefängnis kam. Wohlweislich verließ sie dann Kilkenny und zog nach Dublin. Als der an der Nase Herumgeführte wieder draußen war, beschwerte er sich bei den Vertretern der katholischen Kirche in Dublin. Diesmal hielt er die

Trümpfe in der Hand, und Alice mußte von Irland nach England fliehen.

Aufgrund ihres eiligen Aufbruchs mußte Frau Kyteler viel von ihrem Hab und Gut zurücklassen. Die rachsüchtigen Verfolger machten sich über die Zurückgebliebenen her. Einige von Alices Verwandten landeten im Gefängnis. Am meisten hatten die Ärmsten und Schwächsten zu leiden. Sie wurden durch das Dorf geprügelt, exkommuniziert oder verbannt.

Die Hauptlast in dem Fall Kyteler hatte die Zofe von Alice, Petronilla von Meath, zu tragen. Sie wurde sechsmal ausgepeitscht und mehrmals gefoltert. Schließlich gab sie zu, eine Hexe zu sein. Am 3. November 1324 wurde Petronilla zu einer traurigen Berühmtheit: Sie war das erste irische Opfer, das wegen Hexerei auf dem Scheiterhaufen verbrannt wurde.

Der Prozeß von Kyteler erregte in ganz Europa Aufsehen und wurde bei vergleichbaren Konflikten zu einem Präzedenzfall (vom Vorwurf dämonischer Sexpraktiken bis zur Härte der Strafe).

Schließlich wurde Bischof Ledrede der Häresie bezichtigt – und das sogar zweimal (Ironie des Schicksals). Es ist nicht bekannt, ob Alice jemals wieder nach Irland zurückkehrte. Ihr Haus, das älteste in ganz Kilkenny und heute unter dem Namen Kyteler's Inn bekannt, steht immer noch – ein 700jähriges Denkmal weiblichen Widerstands.

Marguerite Porete

Mystikerin zu sein bedeutete oft ein schmerzhaftes Martyrium. Das bekam auch die Französin Marguerite Porete zu spüren. Sie stammte aus einem Dorf namens Hainaut und hatte schon in jungen Jahren religiöse Ambitionen, weswegen sie sich den Beginen anschloß.

Die Beginen lebten in Frankreich, Deutschland und Belgien in religiösen Gemeinschaften, den sogenannten Beginenhöfen. Sie arbeiteten außerhalb der Infrastruktur der katholischen Kirche. Diese Bewegung, die nur weibliche Mitglieder hatte, war im 13. Jahrhundert aus zwei Motiven entstanden: Viele Frauen, die Jesus Christus dienen wollten, indem sie sich der Armen und Kranken annahmen, waren der Überzeugung, daß das Nonnenleben für diese Art von harter Arbeit nicht ausreichend vorbereitete. Die Beginen wollten direkter im Leben stehen. Außerdem gab es schlicht einen finanziellen Grund: Es kostete viel Geld, einem Kloster, und zwar egal welchem, beizutreten. Außerdem gab es lange Wartelisten. Bei den Beginen war all dies einfacher.

Da die Beginenbewegung nicht offiziell zur Kirche gehörte, überprüften Bischöfe und Päpste nervös ihr Tun. Sie hatten die Hoffnung, Beginen dabei zu ertappen, wie sie von den kirchlichen Lehrsätzen abwichen – oder sie der Häresie bezichtigen zu können.

Marguerites einziger Fehler schien darin zu bestehen, daß sie sich hartnäckig weigerte, Dinge so zu tun, wie es die Kirche vorgab. Sie übernahm jede Menge Arbeit innerhalb ihrer Gemeinde, predigte öffentlich, übersetzte die Bibel ins Französische und zog es vor, in der säkularen Gemeinschaft zu leben, anstatt sich im nächsten Beginenhof einzuschließen. Das war schon alles schlimm genug. Aber dann erschien ihr mystisches Werk *Le Miroir des simples âmes* (»Der Spiegel der einfachen Seelen«) und zirkulierte in ganz Frankreich.

Sie schrieb darin, daß eine Seele, die in Verbindung mit Gott treten wolle, sieben Ebenen der göttlichen Gnade durchlaufen müsse. Auf der sechsten Ebene würde die Seele, so Marguerite, einem Engel gleichen, einem Wesen, das weder Predigten, die Sakramente, noch die Kirche benötige. In den Köpfen der entsetzten Kirchenmänner läuteten die Alarmglocken. Marguerite wurde vor Gericht gezerrt.

In ihrer eigensinnigen Art weigerte sich die Autorin, sich selbst zu verteidigen, Fragen zu beantworten oder sich gar einen Anwalt aus Paris kommen zu lassen. Immerhin beinhaltete ihr Buch die Warnung »Dieses Buch ist nicht für jedermann geeignet« sowie die Aussage, daß Klärung auch auf traditionell kirchlichem Weg erreicht werden könne.

Der Prozeß gegen Marguerite Porete im Jahr 1310 war eine Farce. Die Richter wußten nur zu gut, wie sie eine Schriftstellerin verletzen konnten – sie hatten das Buch noch nicht einmal gelesen. Unter Anleitung erstklassiger Inquisitoren hatte die Anklage einige aus dem Kontext gerissene Absätze aus dem Buch als Spickzettel für die Richter notiert. In Frankreich ging es zu dieser Zeit heiß her: Die Menschen wurden wegen angeblicher Hexerei und politischer Häresie vor Gericht gebracht. Das Urteil gegen Marguerite, »Schuldig der ketzterischen laubensschwärmerei«, war in diesem Zusammenhang nicht weiter verwunderlich.

Tapfer sah sie ihrem Tod auf dem Scheiterhaufen entgegen, sie war weiterhin von ihren eigenen Worten überzeugt. Und was noch mehr zählt – andere Leser waren das ebenfalls. Zahlreiche Kopien ihres Buches überlebten über ganz Europa verteilt in Klosterbibliotheken. Man hielt *Le Miroir des simples âmes* für so bedeutsam, daß man irgendwann sogar behauptete, ein flämischer Mystiker namens Jan aus dem 15. Jahrhundert sei der Verfasser.

Benedetta Carlini & Bartolomea Crivelli

Benedetta Carlini trat im zarten Alter von neun Jahren dem ärmlichsten Kloster in Pescia bei und wurde dessen jüngste Äbtissin. Sie hatte Führungsqualitäten und war eine ausgezeichnete Überredenskünstlerin, wodurch immer genügend Geld in die Klosterkasse floß. Außerdem hatte sie mystische Fähigkeiten. Diese göttliche Gabe erlaubte ihr, die Zukunft vorauszusagen – daß zum Beispiel Pescia im Jahre 1631 von einer Seuche heimgesucht würde. Sie führte lange Gespräche mit männlichen Engeln. Ihre Stirn und ihre Hände bluteten regelmäßig – die Wundmale Christi offenbarten sich an ihr. Auf Befehl konnte sie sich in einen Trancezustand versetzen. Schließlich trat sie in direkten Kontakt mit Jesus. Sie heiratete ihn in einer besonderen Zeremonie, bei der nur wenige ausgesuchte Gäste zugegen waren. Richtig unheimlich wurde die Sache aber erst, als sie ihren eigenen Tod voraussagte. Sie »starb« und kehrte mit Aufträgen für ihre Nonnen zurück. Die sahen ungefähr so aus: »Ich kann dafür sorgen, daß ihr ins Paradies kommt – das ist zumindest wahrscheinlich – wenn ihr genau das tut, was ich euch sage.«

1622 schickte die Kirche einige ihrer Vertreter zu Benedetta, damit sie sich mit ihren ziemlich außergewöhnlichen Behauptungen einmal näher beschäftigten. Während der Untersuchungen traten einige interessante Dinge zutage: Eine Nonne plauderte aus, daß die Äbtissin einen geradezu dämonischen Heißhunger auf italienische Salami hätte. Eine andere heimliche Beobachterin berichtete, die Äbtissin helfe bei ihren Stigmata mit einer langen Nadel nach. Aber die Krönung war, daß Schwester Benedetta angeblich ein Sexleben hatte, das dem intensiven und sensationellen Charakter ihres religiösen Lebens in nichts nachstand. Die Nonne Bartolomea Crivelli sagte aus, daß sie und die Äbtissin eine zwei Jahre dauernde Dreimal-die-Woche-Affäre gehabt hätten – zu ihrem eigenen großen Entsetzen, fügte sie schnell hinzu.

Im Mittelalter gab es sozusagen keine lesbische Liebe (zumindest nicht in den Köpfen der Männer). Um zu beschreiben, was sich zwischen der lebensfrohen Äbtissin und der kleinen Bartolomea abgespielt hatte, griff der entsetzte Kirchenmann auf Ausdrücke wie »gegenseitige Korrumpierung« zurück (die etwas schlüpfrigeren Passagen der Aussage hatten den Schreiber derart mitgenommen, daß die Schrift an diesen Stellen nahezu unleserlich ist).

Als die Äbtission mit Bartolomeas Darstellung konfrontiert wurde, gab sie eine geschickte Antwort: »Das ist mir nicht erinnerlich – es muß wohl dieser Engel Splenditello gewesen sein.« In der Tat erzählten Bartolomea und andere, daß die Stimme der Äbtissin bei ihren Annäherungen tiefer wurde und ihr Gesichtsausdruck dem eines Jünglings glich. Psychologisch war das durchaus einleuchtend. Als »geiler Engel« war es Benedetta möglich, sich eine Identität zu schaffen, die innerhalb der Werte ihrer patriarchalischen Gesellschaft vertretbar war.

Die Kirchenbeauftragten zermarterten sich den Kopf darüber, was sie tun konnten. Schließlich gaben sie der Äbtissin noch eine Chance: Sie war offensichtlich vom Teufel besessen und aus diesem Grund für ihre Taten nicht voll verantwortlich (im Gegensatz zu Hexerei war Besessenheit etwas »Unfreiwilliges«). Anstatt auf dem Scheiterhaufen zu landen, wurde Benedetta für die Dauer von 35 Jahren in eine Klosterzelle gesperrt. Bartolomea, das Verräter-Täubchen, betrachtete man als ihr unschuldiges Opfer; sie blieb als Nonne in Pescia.

Obwohl weder die Nonnen noch die Bewohner des Ortes gegen die harte Bestrafung protestierten, behielt Benedetta ihren Ruf als Visionärin – immerhin hatte ihre Prophezeiung, daß eine Seuche bevorstünde, sich bewahrheitet. Nach ihrem Tod konnte Benedetta noch einen letzten posthumen Triumph verzeichnen. Scharen von gläubigen Anhängern, denen Benedettas erotische Vorlieben völlig egal war, strömten zu ihrer Grabstätte. Sie wollten ihren Körper berühren oder gar versuchen, eine Reliquie von der heiligen Frau zu stehlen, von der sie glaubten, daß sie einen guten Draht zu den Engeln hätte.

KAPITEL ACHT

Religiöses Leben in 31 Geschmacksrichtungen

Marozia

Hat jemand behauptet, daß für die Päpste das Zölibat gilt? Oder sie sich nach den herrschenden Gesetzen richten müssen? Marozia und ihre Mutter Theodora können es nicht gewesen sein. Dieses Duo hat so manche Papst-Karriere beschleunigt, aber auch so manchen Papst aus dem Weg geschafft. Ihre sehr gut dokumentierten Lebenswege sind ein hervorragender Beleg für Papstgeschichten des Mittelalters, in denen Frauen eine wichtige Rolle spielen.

Im 10. Jahrhundert hatte Marozia einen eleganten Start als adlige Tochter eines wichtigen Senators namens Crescentii. Rom war die Schaltstelle für sämtliche Belange der Kirche. Den Vatikan-Staat hatte sich zu diesem Zeitpunkt noch niemand ausgedacht. Wie ihre frevelhafte Mutter Theodora hatte auch Marozia einen Hang zu Kirchenmännern. Das erste erotische Bravourstück leistete sich das junge Fräulein mit dem gut vierzigjährigen Papst Sergius III. Ihre Beziehung gipfelte in einem Kind der Liebe namens Johannes. Aber das göttliche Fräulein M. konnte es auch da noch nicht lassen. Bald darauf heiratete sie einen Königssohn, was Sergius III. wieder zum Papstamt verhalf (er hatte sich, verwirrt darüber, daß er tatsächlich Vater geworden war, ein bißchen aus der Politik zurückgezogen).

Dann gab es einen riesigen, wenn auch relativ kurzen politischen Tumult in Italien. Papst Johannes X. erschien auf der Bildfläche (zufällig handelte es sich um den letzten Liebhaber von Mutter Theodora). Obwohl auch Johannes versuchte, sich mit Marozia gutzustellen, indem er ihr Titel wie »Eure Erlaucht« und »Senator« zubilligte, schätzte sie ihn nicht besonders. Trotzdem verhielt sie sich ihm gegenüber einigermaßen anständig und wartete, bis ihre Mutter im Jahr 928 starb. Dann entledigte sie sich des Papstes. Zu dieser Zeit wurde das päpstliche Amt mitsamt seinen memmenhaften Vertreterkreaturen allgemein als »lächerliche Pornokratie« bezeichnet.

Marozia war mit ihren Plänen für das Papstamt noch nicht am Ende. Sie entspannte sich jedoch erst einmal für einige Jahre mit ihrem Sohn und unterbrach ihren Erziehungsurlaub allerdings ab und zu, um selbst mehrere Päpste als Lückenbüßer zu bestimmen, die allerdings jeweils nach einer kurzen Herrschaft auf mysteriöse Weise wieder verschwanden. Als der kleine uneheliche Johnny 17 wurde, stieg Marozia wieder in das Geschäft ein und machte ihn zu Papst Johannes XI.

Sie hatte nicht die geschwisterliche Rivalität bedacht. Ihr zweiter Sohn, Alberic junior, machte es sehr eifersüchtig, daß Marozia sich so gut mit Papst Johannes amüsierte. Der hatte bei ihrer letzten inzestuösen Hochzeit die Trauung vorgenommen und es den Frischverheirateten ermöglicht, König und Königin von Italien zu werden. Eigentlich hatte Marozia ja geglaubt, die Familien- und Papstpolitik endlich im Griff zu haben, da trat jedoch Alberic auf den Plan. Er warf den Bruder aus dem Amt und setzte einen seiner Kandidaten als Papst ein. Der König von Italien ergriff eiligst die Flucht.

Marozia wurde von den Spießgesellen ihres Sohnes ins Gefängnis befördert, wo sie 50 Jahre lang schmoren sollte. Trotzdem konnte sie nicht anders, als mit stolzgeschwellter Brust auszurufen: »Atsa, mein Bambino!«

Angela von Foligno

Wie andere religiöse Persönlichkeiten ihrer Zeit auch, fastete die italienische Mystikerin Angela von Foligno regelmäßig. Sie hatte ekstatische Visionen, an ihr zeigten sich die blutigen Wundmale Christi, und sie suchte nach einer größeren Einheit mit Gott, indem sie sich selbst Leiden auferlegte und für die Kranken sorgte. Katharina von Siena trank den Eiter ihrer Patienten. Eine andere heilige Katharina aß Läuse und erkrankte an einer Seuche, weil sie sich, einen ihrer Patienten küssend, infiziert hatte.

Angela ging sogar noch weiter. Sie und eine Mitschwester wuschen die Wunden der Leprakranken und tranken anschließend das Wasser. Einmal blieb ihr ein wenig Wundschorf in der Kehle stecken, sie beschrieb das Gefühl als »genauso süß wie die Heilige Kommunion«.

Angela war nicht immer so furchtlos gewesen. Sie wurde 1250 in der Nähe von Assisi geboren, heiratete einen liebevollen Mann und bekam mehrere Kinder. Als etwa Dreißigjährige fühlte sie sich plötzlich von Gott berufen. Nachdem sie ihre Familie durch eine Krankheit verloren hatte, verkaufte sie ihren gesamten Besitz und gab das Geld an die Armen. Sie begann sich zu geißeln und Verbrennungen zuzufügen. Dann trat sie dem Orden der Franziskaner bei und diktierte dort ihrem Onkel und Beichtvater, einem Mönch namens Arnaldo, ihre Geschichte. In diesem Bericht heißt es: »Zu dieser Zeit verstarb meine Mutter, die mir immer im Weg stand. Dann verstarben innerhalb von kurzer Zeit mein Mann und meine Kinder. Da ich mich berufen fühlte und Gott darum gebeten hatte, mich von allen weltlichen Fesseln zu lösen, war ihr Tod für mich ein starker Trost.«

Was brachte eine Frau wie Angela von Foligno dazu, solch grausame Dinge zu sagen? Man muß wohl akzeptieren, daß die Vorstellungen im Mittelalter so waren: Manchmal wurden normales Eheleben und Kinder als richtiges Hindernis für ein religiöses Leben betrachtet. Angela hatte zum Beispiel Sex mit ihrem Ehemann genossen und sich später deswegen schuldig gefühlt.

Die Mystikerinnen brauchten keine irdischen Sexualpartner – sie hatten eine direkte und innige Beziehung zu Gott, und die hatte auch eine stark erotische Komponente. Interessanterweise wurden die ekstatischen Gefühle und religiösen Erfahrungen zuerst von Mystik*ern* mit sinnlichen Metaphern beschrieben, Angela und andere Mystikerinnen eiferten ihnen jedoch nach.

Während der sechs Jahre, die Anna damit verbrachte, ihrem

Beichtvater ihre Visionen und Gefühle zu diktieren, war sie sehr unglücklich. Manchmal führte ihr Wunsch danach, vollkommen in Gott aufzugehen, sogar zu Todessehnsüchten. Dann wieder brach sie vor den Kirchen ihrer Umgebung in unendlich lange Schreikrämpfe aus. Essen war für sie ein Symbol für menschliche Verdorbenheit und verwerfliche Körperlichkeit. Es wird behauptet, daß diese heilige Magersüchtige von Foligno zwölf Jahre lang keine richtige Mahlzeit zu sich nahm.

In ihrem *Buch vom göttlichen Trost* konzentrierte sich Angela auf das Thema der Liebe zwischen sich und Gott. Zu dieser Zeit konnte die Arme selbst ihre Anhänger nicht mehr ertragen, die ihr auf unerklärliche Weise frei ergeben waren. Bevor sie 1309 starb, sagte die Heilige in spe, sie wolle nackt durch Foligno streifen, nur mit Stücken von totem Fisch und verwesendem Fleisch um den Hals. Sie betrachtete sich selbst als »eine wertlose Frau, voller Bosheit und Verstellung ... verehrt nicht länger dieses Wesen, weil in diesem Idol der Teufel lebt«. 1693 wurde Angela von Foligno vom Papst seliggesprochen.

> *»Manchmal erblicke ich in der Hostie so etwas wie einen Hals oder eine Brust von einer Vornehmheit und Schönheit, die jene der Sonne übertrifft. Sie scheint von innen zu kommen. Im Angesicht dieser Schönheit begreife ich, ohne auch nur den geringsten Zweifel zu haben, daß ich Gott sehe.*
>
> Angela von Foligno

Päpstin Johanna & Päpstin Manfreda

Weibliche Päpste – ob man's glaubt oder nicht, es hat sie gegeben. Zwischen 855 und 1300 gab es offenbar einige kühne Frauen, die nach der großen Mitra strebten. Johanna, die erste Aspirantin, entstammte einer deutsch-englischen Familie und kam über Athen zu dem Amt. Sie war mit ihrem

Geliebten zum Studieren dorthin gegangen. Ihre geradezu beängstigend präzisen Kenntnisse der Heiligen Schrift waren vermutlich der Grund dafür, daß sie im Jahr 854 zu Papst Johannes VIII. gewählt wurde. Nach zwei Jahren erlebte sie ein Wunder. Unglücklicherweise handelte es sich dabei um das Wunder der Geburt – und es geschah während einer Prozession auf einer belebten Straße in Rom. Sie wurde umgehend zu Tode gesteinigt. Das Exempel, das hier statuiert wurde, sollte für mehrere Jahrhunderte Wirkung zeigen. Verschiedene Chronisten zu Lebzeiten von Johanna bürgen für ihre Existenz. Seitdem wird jedoch stark angezweifelt, ob es sie wirklich gegeben hat.

Im späten 12. Jahrhundert wurde Manfreda von Mailand Päpstin. Aber trotz ihrer anerkannten Qualitäten wurden sie und ihre Anhänger unerbittlich verfolgt. Im Jahre 1300 landete diese geistige Führerin auch ohne skandalöse Schwangerschaft in der Lombardei auf dem Scheiterhaufen.

Das Trauma, das diese unverschämten Frauen zu verantworten hatten, führte zu einem neuen Verfahren bei der Papstwahl: Die Kanditaten mußten sich nun nackt auf ein Loch setzen, das man eigens in den Boden gearbeitet hatte. Von einem Raum genau unterhalb des Loches aus brüllte dann das Wahlkomitee voller Freude: »Er hat Hoden, und zwar ganz ansehnliche.« (Auf latein hört sich das ein klein wenig vornehmer an.)

Klara von Assisi

Wie ihr Sandkastenfreund Franz war Klara ein Kind reicher Eltern. Geboren wurde sie im Jahr 1194. Klara war jünger als Franz und voller Bewunderung für ihn. Seine Art mit Tieren und Menschen umzugehen, machte ihn recht schnell zu einem Aspiranten für den Heiligenschein. Franz begeisterte in einer Welt voller Betrug und Scheinheiligkeit durch seine Aufrichtigkeit. Im Alter von 18 folgte Klara seinem Beispiel, ließ sich den Kopf kahlscheren, warf sich in Sackleinen und bat fleißig um Almosen. Der Orden der Klarissinnen wurde nach ihr benannt, ein Orden, dessen Bescheidenheit in starkem Kontrast zum Reichtum der Frauenklöstern der Zeit stand. Klara unterstützte weiterhin die Gründung des Franziskanischen Dritten Ordens (ein Laienorden für Männer und Frauen, der als religiöse Alternative zu den Klöstern gedacht war). Bevor sie mit 60 starb, »sah« sie mit hellseherischer Kraft eine Weihnachtsmesse im Dorf – aus diesem Grund wurde die bodenständigste unter den Heiligen zur Ikone für das unwirklichste aller Medien: das Fernsehen.

Hilda von Whitby

Hilda, die bekannteste und tatkräftigste der religiösen Erzieher Englands, verbrachte 32 Jahre damit, zu unterrichten und ein über ganz England verteiltes Netzwerk von Klöstern und Abteien einzurichten. Weniger bekannt, aber mindestens ebenso erstaunlich ist die Tatsache, daß Hilda die ersten 30 Jahre ihres Lebens ohne Mann verbrachte – für ihre Zeit war sie also ein durchaus seltsamer Vogel. Prinzessin Hilda war in jungen Jahren noch nicht gewillt, ein Gelübde abzulegen, weder eins, das ihr eine Ehe einbrachte, noch eins, das sie an das Klosterleben band.

Zu ihren Lebzeiten (614–680) breitete sich das Christentum von Irland her langsam in England aus. Hilda wurde als junges Mädchen keltische Christin. Das gab ihr Unabhängigkeit und jenen Weitblick, der keltischen Frauen immer nachgesagt wird, und zwar nicht nur im zivilen, sondern auch im religiösen Leben. Mit Mitte Dreißig entschied sich Hilda endlich für einen Beruf: Sie wurde Nonne.

Es dauerte eine Weile, bis sie ihr Hab und Gut verschenkt hatte. Dann verbrachte sie etwas Zeit mit ihrer Schwester Hereswith, einer Nonne, deren Kloster in der Nähe von Paris lag. Dann übergab ihr jedoch Bischof Aidan Hilda ein Grundstück. Dort errichtete sie ein kleines Kloster, und kurze Zeit später wurde ihr die Führung einer alteingesessenen religiösen Niederlassung in Tadcaster anvertraut.

Die Bekleidung dieser Ämter zeigte Hilda sehr deutlich, daß sie großes Talent als Lehrerin und Verwalterin besaß. Andere Menschen sahen das ebenso. König Owsia, der geschworen hatte, im Falle eines Sieges bei einer bestimmten Schlacht seine Tochter in ein Kloster zu geben, mochte Hildas Art. Er überließ ihr ein großes Stück Land, auf dem sie 657 das Kloster von Whitby errichtete (im Leben gibt es nichts umsonst, merkte Hilda: Zu der Gabe gehörte Owsias Tochter – es stellte sich heraus, daß sie kaum ein Jahr alt war. Das religiöse Tagesgeschäft geriet dabei natürlich etwas ins Hintertreffen).

In dem Doppelkloster nach irischem Modell – getrennte Gemeinschaften von Männern und Frauen, die jedoch die gleichen Rechte besaßen – folgten die Nonnen und Mönche voller Überzeugung Äbtissin Hildas Prinzipien von Frieden, Wohltätigkeit, Reinheit und Gerechtigkeit. Als Stätte der Bildung wuchs Whitby zu einem intellektuellen Zentrum heran, das der Gemeinschaft ebensoviel Nutzen einbrachte wie materielle Vermögenswerte. Fünf berühmte Bischöfe wurden in Whitby ausgebildet; Hilda hätte nach keltischem Recht ebenso zum Bischof geweiht werden können. Als oberste Lehrerin unterrichtete sie Theologie, Grammatik, Musik, Geisteswissenschaften und Medizin.

Zu den größeren Klöstern gehörten auch immer ganze Dörfer, Wälder, Ackerland und andere Kirchen. Hier verwaltete Hilda die örtliche Justiz und übernahm sehr säkulare Aufgaben wie das Eintreiben von Steuern.

Zusätzlich entdeckte sie noch neue Talente: Auch einfache Leute nahmen in Whitby am Abendessen und dem gewöhnlich daran anschließenden Unterhaltungsprogramm teil: Es wurde Harfe gespielt und gesungen. Hilda bemerkte, daß Caedmon, der Kuhhirte, Angst davor hatte, etwas vorzutragen, und immer davonlief. Eines Nachts träumte er, von einem Mann, der ihm sagte, er solle über die Schöpfung singen. Damit er das auch wirklich tun konnte, überließ der

Mann ihm einen Vers. Der Traum kam Hilda zu Ohren – sie holte Caedmon von den Rindern weg, steckte ihn in einen Literaturkurs und gab ihm grünes Licht für das Verfassen von Gedichten. Caedmon erfreute nicht nur die Runde in Whitby, sondern er wurde berühmt als Englands erster christlicher Volksdichter.

Im Jahre 664 wurde Hilda Gastgeberin für die Synode von Whitby. So war sie dabei, als entschieden wurde, in welche Richtung sich das Christentum in England entwickeln sollte. Obwohl sie für die keltische Richtung der Kirche war, entschied sich die Synode für die römische Form. So unabhängig Hilda war, mußte es sie einige Zeit gekostet haben, das zu akzeptieren.

Hilda (sie wurde von allen nur »Mutter« genannt) war überall beliebt. Als sie noch ein Baby war, wurde ihr Vater in die Verbannung geschickt. Ihre Mutter hatte einen Traum, in dem sie vergeblich nach ihm suchte. Dann entdeckte sie einen Juwel, der in ihrer Kleidung versteckt lag und einen derart strahlenden Glanz besaß, daß er ganz England zu erleuchten schien. Es stellte sich heraus, daß Hilda dieser Juwel sein sollte.

Ende von Gerona

Gegen 970 nutzte eine spanische Malerin die Gunst der Stunde: Die Jahrtausendwende nahte, und überall verbreiteten sich Schwermut und Untergangsstimmung. Ende gestaltete ein Buch zum Thema Apokalypse. Zu Endes Zeiten war die katholische Kirche die einzige Institution im Land, die die Produktion und Illustration (auch Illumination genannt) von geistlichen Texten übernahm. Über die Künstlerin ist nicht viel mehr bekannt, als daß sie Nonne war und aus der Oberschicht kam. Ende besaß ein sehr spanisches Talent: Die fließenden Linien, die verspielten Sterne, die halbkomischen Drachen und die Vielzahl an Farben in ihrer Arbeit weisen über ihre Zeit hinaus. Sie lassen eher an Joan Miró als an das Mittelalter denken. Als Frau, die genau wußte, wo sie Lob auszusprechen hatte, unterschrieb sie ihr Werk mit »Ende, Malerin, mit der Hilfe Gottes und des Bruders Emeterius Presbyter«. Der Mönch, der sie unterstützte, läßt sich aufgrund des Stils einer anderen seiner Arbeiten genau identifizieren; Sachverständige sind sich darüber einig, daß der größte Teil der Apokalypse-Illumination aus Gerona auf Ende und ihre überragende Inspiration zurückgeht. Endes kunstvolles Manuskript kann immer noch in der Kathedrale von Gerona bewundert werden.

Katherine Zell

Katherine, eine von vielen Aktivistinnen der frühen protestantischen Kirche, war knallhart und verfügte über eine ziemlich derbe Sprache. Sie stammte aus Straßburg (das damals noch zu Deutschland gehörte) und hatte sich mit großer Leidenschaft auf die Lehre Luthers gestürzt. Um sich noch mehr engagieren zu können, heiratete sie einen ehemaligen Priester, der ebenfalls zum Anhänger Luthers geworden war. Das Paar gehörte zu den führenden Reformern und war den kirchlichen Behörden ein Dorn im Auge.

Auch nachdem Katherine Witwe geworden war, versuchte sie, auf Lutheraner und Katholiken gleichermaßen Einfluß zu nehmen und sie zu größerer Toleranz füreinander zu bewegen. Sie setzte sich für bessere hygienische Bedingungen ein und kümmerte sich um Kranke. Als sie das örtliche Krankenhaus besichtigt hatte, schrie sie wutschnaubend: »Mal abgesehen von der Qualität des Essens, hier würden noch nicht einmal die Gesunden etwas herunterbekommen. Der Ort ist so gottlos. Wenn das Vaterunser bei Tisch aufgesagt wird, dann so leise, daß niemand weiß, ob es ein Gebet oder ein Furz war. Die Patienten schlafen in fürchterlichen Betten, wie Schweine im Mist« (im Mittelalter teilten sich oft mehrere Patienten ein Bett). »Stellt gottesfürchtige Frauen ein, die das Ganze vernünftig beaufsichtigen«, empfahl sie. Traurigerweise wurden die Vorschläge dieser furchtlosen Frau nur selten berücksichtigt – ihre Worte bieten uns aber ein lebhaftes Bild ihrer Zeit.

> *»Ich ein Friedensstörer? Wenn hier der Frieden einer Person gestört wird, dann meiner. So etwas nennt ihr Friedensstörung? ... Anstatt meine Zeit mit frivolen Vergnügungen zu vertreiben, habe ich die Kranken besucht und die Toten weggetragen ...«*
>
> Katherine Zell, 1557
> Brief an die Stadt Straßburg

Hildegard von Bingen

Im Anschluß an eine getürkte Beerdigungszeremonie sagten die Eltern von Hildegard ihrer achtjährigen Tochter ein letztes Mal auf Wiedersehen und sperrten sie in eine Zelle von der Größe und dem Komfort einer begehbaren Gefrierkammer. War sie das Opfer einer Seuche? Hoffnungslos geisteskrank? Kriminell? Ob man es glaubt oder nicht, es gab viele Fälle, in denen Kinder oder deren Eltern beschlossen, sich als Einsiedler oder Einsiedlerinnen einkerkern zu lassen. Gegen 1098, als Hildegard in Bingen am Rhein geboren wurde, gab es zahllose Kinder in frommen Zellen. Anders als bei Nonnen wurde von ihnen verlangt, daß sie bis zu ihrem Tod dort blieben.

Schon im zarten Kindesalter hatte Hildegard Visionen; ihre aristokratischen Eltern entschlossen sich daher, sie Gott zu weihen. Sie wurde in der Nähe der Benediktinerabtei Disibodenberg in einen Raum mit einem Fenster eingeschlossen. Diese sehr beengten Räumlichkeiten teilte sie sich mit Jutta, einer Einsiedlerin, die dem Mädchen Lesen, Schreiben und Latein beibrachte. Hildegard verließ für die Dauer der nächsten sieben Jahre ihre Zelle nur noch, um ihre Bedürfnisse zu verrichten.

Allmählich verbreitete sich die Kunde von den außergewöhnlichen spirituellen und intellektuellen Fähigkeiten des

Mädchens; andere Frauen, die von ihr etwas lernen wollten, quetschten sich in den engen Raum. Schließlich hatte sie fast das gesamte Kloster in ihrer Zelle sitzen. Aufgrund dieses Widerspruchs wurde ihre Einzelhaft aufgehoben, und sie erhielt den Status einer Nonne. (Nun konnte Hildegard endlich auch einmal den Rest des Ladens kennenlernen.)

Hildegard hatte in dieser ruhigen Umgebung reichlich Zeit, die Talente zu entwickeln, die Gott ihr verliehen hatte. Mehr als 200 Jahre, bevor man auch nur von der Renaissance träumte, entfaltete diese Frau erstaunliche Fähigkeiten als Mystikerin, Autorin, Komponistin, Dramatikern, Heilerin, Botanikerin und Verwalterin.

Nach dem Tod Juttas folgte Hildegard ihr als Äbtissin. Die Erfahrung, ein Kloster zu leiten – und später einen zweiten Konvent zu gründen –, führte dazu, daß aus der höchst schüchternen Person eine Frau von größerem Selbstbewußtsein wurde.

Mit 42 hatte Hildegard eine Vision, die für ihr weiteres Leben von entscheidender Bedeutung war. Sie gab ihr kontemplatives Leben auf und wurde aktiv. Dazu bemerkte sie: »Ein blendendes Licht von einer außergewöhnlichen Helligkeit durchflutete meinen Kopf. Es entflammte mein Herz und meine Brust, es brannte nicht, sondern wärmte ... und plötzlich war ich in der Lage, den wahren Sinn von Büchern zu verstehen ...« Heute meint man, daß ihre Visionen durch einen Migräneanfall ausgelöst wurden; was sie von anderen Migräneopfern unterscheidet, sind ihre Leistungen als Konsequenz ihrer Krankheit.

Sie schuf Mysterienspiele, eine Oper und Gedichte. Ihre Bücher decken eine Themenvielfalt von Theologie bis zu Naturgeschichte und Heilverfahren ab. Sie empfahl beispielsweise Alraunwurzel gegen Depression und Liebeskummer und verkündete, Kampfer hielte die Nonnen während der Messe wach. Sie beschrieb 485 Kräuter und Pflanzen, darunter auch Hopfen – es war das erste Mal, daß jemand schriftlich auf die Bedeutung von Hopfen beim Bierbrauen Bezug nahm.

Für eine behütete Jungfrau hatte Hildegard einige wirklich interessante Dinge über Sex zu sagen – so beschrieb sie als eine der ersten Schriftstellerinnen recht genau den weiblichen Orgasmus. Heutzutage erhält ihr musikalisches Vermächtnis von New-Age-Musikbegeisterten und Fans der frühen Musik gleichermaßen Aufmerksamkeit.

Hildegards prophetische Botschaft an die Welt bezog sich auf die Güte der Schöpfung und Gottes Gefallen daran. Natürlich brachte das die engstirnigen Kirchenmänner auf. Am Ende ihres langen Lebens kämpfte Hildegard für eine tolerante, gerechte und positive Spiritualität in Europa. Dem stand häufig ein von Haß besessenes und engstirniges Christentum entgegen.

Adele Ehinger

Zu Adeles Zeiten, im 15. Jahrhundert, war es mit der Frömmigkeit in Deutschland vielerorts nicht mehr so weit her. Einst waren Klöster und Konvente in ihrer Abgeschiedenheit und Keuschheit Zufluchtsorte vor der Welt gewesen; einige von ihnen waren nun zu Orten des Lasters geworden. Das galt etwa für ein Kloster in Ulm: Der wohlhabende Förderer des Klosters war ein bißchen in Sorge wegen der mangelnden Reinlichkeit und Gottesfurcht dort – von der insgesamt lockeren Einstellung der Nonnen ganz zu schweigen.

Neugierig inspizierte er die Räumlichkeiten und sah seine schlimmsten Befürchtungen bestätigt. So fand er einen Stapel Liebesbriefe, die Adele und andere Nonnen von ihren angeblich so religiösen Kollegen erhalten hatte.

In dem heißen Brief eines diskreten Verehrers an eine unzüchtige »A« steht: »In Wahrheit kenne ich auf Erden nichts, was einen Dir vergleichbaren Liebreiz besäße, und ich erleide viel Pein in meinem Herzen, da ich Dich nicht so besitzen kann, meine Liebe, wie mein Herz es sich wünscht … Denk morgen früh an mich und ich werde, wenn Gott so will, bei Dir sein und mit Dir über verschiedene Dinge sprechen, über die ich wirklich nicht schreiben kann. Ich wäre am Sonntag gekommen, aber unsere Gewänder waren nicht fertig.«

Die Antworten der ungezogenen Nonnen sind nicht auffindbar. Wie auch immer, der entsetzte Förderer entdeckte, daß die meisten der Nonnen zu allem Überfluß auch noch schwanger waren. Selbst nachdem er vor den Verwandten der Frauen ausgepackt und die Nonnen aus dem Kloster verbannt hatte, gerieten Adele und ihre Schwestern nicht aus der Fassung, und auch ihre Verwandten schienen nicht sonderlich beunruhigt.

Das Lotterleben in dem Ulmer Konvent war offensichtlich ein Symptom für den damaligen Zustand der Sitten – ein Klima der Korruption, das Auslöser werden sollte für die von Martin Luther angestrebten Reformen und den Protestantismus.

Maria Vittoria della Verde

In den italienischen Klöstern des 16. Jahrhunderts mußte man praktisch von morgens bis abends beten, Rosenkränze runterleiern und auf die Knie fallen. Eine Nonne namens Maria Vittoria della Verde indes beschloß, zusätzlich etwas Praktisches zu tun. Maria und ihre Mitschwestern waren Italienerinnen – naheliegend also, daß sie beschlossen zu kochen. Vielleicht würde ja auch eine nette kleine Veröffentlichung von Rezepten aus dem Kloster dabei herauskommen. Von bekömmlicher Fastenkost keine Spur: Neben Pasta, Pasta und nochmals Pasta nahm Maria ein altes Lieblingsrezept der Nonnen in die Sammlung auf: Strozzapreti, ein Rezept für kalorienreiche, cholesterinlastige Knödel, auch »Priester-Würger« genannt. Steckte ein geheimer Wunsch der geistlichen Frauenmannschaft hinter dieser garstigen Bezeichnung? Maria schwieg sich dazu aus – eines der kleinen Geheimnisse der Geschichte.

Wenn es damals Headhunter gegeben hätte, wären sie wie die Wilden hinter Radegundis hergewesen – was für eine Frau, welche Führungskompetenz! Als Königin des Frankenreichs war sie zwar laut ihrem Mann Chlotar nicht gerade eine Leuchte. Vielleicht steckte aber auch eine Absicht dahinter: Wenn sie als Königin getaugt hätte, hätte Chlotar nicht erlaubt, daß sie Nonne wird. Gar nicht so dumm, unsere Radegundis!

Das Leben der Prinzessin war schon in ihrer Kindheit sehr ereignisreich. Sie wurde ihrer Familie entrissen und in ein Kloster gesteckt, bis sie alt genug war, die Ehefrau von Chlotar, ihrem fränkischen Entführer, zu werden. Während ihres Klosteraufenthalts erhielt sie eine für das sechste Jahrhundert hervorragende Erziehung. Sie mimte in dieser Zeit gerne die Märtyrerin (sie peitschte sich selbst und tat dann so, als sei sie gefoltert worden).

Radegundis' wahres Märtyrertum begann jedoch an dem Tag, an dem sie das Kloster verließ, um Chlotar zu heiraten. Seine Brutalität ihr und ihrem Bruder gegenüber sowie Radegundis' Unfruchtbarkeit führten dazu, daß sie Zuflucht im religiösen Leben suchte. Sie gründete das berühmte Kloster Saint Croix in Potiers. Diese Stätte der Bildung für mehr als 200 Nonnen besaß unter anderem eine eigene Bibliothek (was damals so selten war wie Camembert).

Die Äbtissin Radegundis interessierte sich für Medizin und Heilmethoden und war darüber hinaus sehr fromm. Sie verkaufte ihren Schmuck (eines der wenigen sinnvollen Überbleibsel aus ihrer zerrütteten Ehe) und baute von dem Geld ein Krankenhaus; viele ihrer Nonnen aus Poitiers studierten dort. Die Äbtissin bevorzugte eine für ihre Zeit ungewöhnliche Therapieform für die Kranken: Sie tauchte die Patienten in eine Badewanne, stieg dazu und schrubbte sie dann von Kopf bis Fuß mit Seife ab. Dann fütterte sie sie mit einem Drei-Gänge-Menü. Was für eine revolutionäre Idee!

Als Äbtissin ihres eigenen Klosters konnte Radegundis

nach Herzenslust Märtyrerin spielen – sie schlief auf Asche, trug härenes Leinen und schleppte Brennholz. Wenn sie nicht gerade mit etwas anderem beschäftigt war, schrieb sie gelegentlich auch noch fromme Gedichte und tauschte sich mit ihrem Schriftstellerkollegen, dem Barden Fortunatus, aus – eine sehr weltliche Beschäftigung, die andere Äbtissinnen als höchst skandalös empfanden. Nach dem Tod von Radegundis schrieb Fortunatus übrigens das äußerst fromme Buch *Das heilige Leben von Radegundis.*

Nach Radegundis' Tod bekamen sich die Nonnen in Poitiers in einer höchst unziemlichen Weise über die Nachfolge in die Haare. Eine der Verliererinnen startete einen bewaffneten Angriff auf die neu gewählte Äbtissin und das Kloster, tötete einige der Mitschwestern, nahm die neue Obernonne als Geisel und bat den nächsten Gutsherrn um Unterstützung. Selbst nachdem die Wahl annulliert worden war, ließ diese Nonne nicht locker. Sie beschuldigte die anderen Nonnen der Hexerei, des Mordes und des Ehebruchs, bis das Gericht ihre Verbannung anordnete. Radegundis scheint eine freundliche und fromme Seele gewesen zu sein, und nur wenige Menschen – Nonnen inklusive – konnten das in den aggressiven ersten Tagen des zukünftigen Frankreich von sich behaupten.

Rabi'a al-Adawiya

Rabi'a al-Adawiya, die den Spitznamen »die leidenschaftliche Frau der Liebe« trug, war keineswegs eine Kurtisane oder ein Flittchen, wie man vielleicht vermuten könnte. Sie war vielmehr eine zentrale Figur des frühen Sufismus. Diese Bewegung ist das für den Islam was der Mystizismus für das Christentum bedeutet. Der Sufismus lehnt weltlichen Luxus ab und strebt die Glückseligkeit als Vereinigung mit dem höheren Sein an. Auf dem Weg zur spirituellen Ekstase spielten Musik und Tanz eine zentrale Rolle.

Rabi'a wurde im Jahr 717 geboren, ein Jahrhundert nach

dem Tod des Propheten Mohammed. Sie entstammte einer einfachen Familie, deren einziger Reichtum in der Vielzahl von Töchtern bestand. Als Rabi'a geboren wurde, fielen den Eltern schon keine Vornamen mehr ein, deshalb nannten sie sie »Rabi'a«, was »die Vierte« bedeutet. Die Armut der Familie war eigentlich schon schlimm genug. Dann gab es aber auch noch zu allem Unglück in der Stadt Basra eine Hungersnot. Die Familie wurde getrennt, und Rabi'a stand plötzlich alleine auf der Straße. Sie wurde von einem Mann, der sich an dem Unglück verlassener kleiner Kinder eine goldene Nase verdiente, für sechs Dirham als Haushaltssklavin verkauft.

Trotz ihres harten Lebens fand Rabi'a immer Zeit zum Meditieren. Nach der Arbeit widmete sie sich bis zum Morgengrauen dem Gebet. Eines Nachts ertappte der Hausherr sie, wie sie ganz versunken dasaß. Über ihrem Kopf schien eine helle Lampe zu schweben. Er war sehr erschrocken und ließ sie sofort frei.

Rabi'a verließ die am Persischen Golf liegende Stadt Basra und begab sich in die Wüste. Als Eremitin konnte sie in Ruhe und Frieden zölibatär leben und nach Erleuchtung streben. Obwohl Rabi'a nie richtig Lesen und Schreiben gelernt hatte, war sie eine Lehrerin und Gelehrte. Sie ist aufgrund ihrer Gedanken zum Sufismus, die sie teilweise in Prosa, teilweise in Gedichtform aufschrieb, ebenso berühmt geworden wie durch ihr beispielhaftes Leben. Als sich die Kunde von dieser Mystikerin verbreitete, folgten ihr natürlich bald viele Menschen. Ihre neuen Anhänger boten ihr in der Hoffnung auf eine schnelle spirituelle Hilfe Geld an. Als andere sie drängten, es anzunehmen, sagte sie: »Es läge mir fern, Ihn, dem die Welt gehört, um weltliche Dinge zu bitten, weshalb sollte ich also dieselben Dinge von denjenigen erbitten, denen die Welt nicht gehört?«

Irgendwann machte sich Rabi'a auf zu einer Pilgerfahrt nach Mekka. Die Heilige Stadt des Islam lag über 1500 Kilometer südwestlich von ihrem einfachen Lager in der irakischen Wüste entfernt. Sie belud ihren Esel für die Reise, und los ging's. Mitten in der Wüste verendete das Tier; Rabi'a, die plötzlich ganz allein und verlassen dastand, betete zu Gott. Angeblich erwachte der Esel daraufhin wieder zum Leben – die heilige Frau saß auf und setzte ihre Wallfahrt fort.

Anders als ihre moslemischen Zeitgenossen war sie weder vom Himmel noch von der Hölle besessen. Rabi'as Bindung an die göttliche Liebe und ihre einfache Lehre machte sie zu einer der frühesten Sufimeister. Dieser großen alten Dame, die 80 Jahre alt wurde, wurden viele Wundertaten nachgesagt: Sie soll mit Tieren gesprochen und Gebetsteppiche zum Fliegen gebracht haben. Ihr Leben wäre aber auch ohne diese Wunder ein Zeugnis dafür, daß selbst einfachste Frauen in scheinbar unerreichbare spirituelle Höhen aufsteigen können. Der Dichter und Sufi-Mystiker Omar Khayyam mag vielleicht berühmter gewesen sein als Rabi'a. Aber insgesamt stand Rabi'a den männlichen Mystikern an Würde und Ansehen in nichts nach.

Die Damen Nijo und Murasaki

Das Leben im mittelalterlichen Japan war für Frauen wie die Damen Nijo und Murasaki ziemlich hart: Ständig gab es diese lästigen Sake-Parties. Und dann dieses unbarmherzige Ritual, aus einer riesigen Garderobe das dem Tag und der Saison entsprechende siebenschichtige Seidengewand auszusuchen. Und ständig Gedichte zu verfassen zu müssen – ob über eine flüchtige Begegnung oder schlicht, um sich zu bedanken. Diese erlesenen Aktivitäten (und andere nicht so erlesene) hielten die japanischen Adligen jahrhundertelang auf Trab.

Die Dame Nijo (geboren 1257) und ihre feinsinnigen Freundinnen gründeten ihr ganzes Leben auf einen Roman, der 1008 von einer aristokratischen Japanerin verfaßt worden war!

Die Autorin hatte ihrem 54 Bücher umfassenden Werk

den Titel *Die Geschichte vom Prinzen Genji* gegeben. Das Werk ist für seine Protagonistin, die Dame Murasaki, bekannt. Es basiert auf den stark fiktionalisierten Erfahrungen Murasakis im Dienst der Kaiserin Akiko, der sie heimlich Nachhilfestunden in chinesischer Literatur erteilt hatte. Die mysteriöse Autorin führte auch ein Tagebuch über das Leben am Hofe; aus diesem gesamten Rohmaterial entstand schließlich ihr Meisterstück über Prinz Genji und sein Liebesleben. Die begabte – und zweisprachige – Künstlerin verfaßte auch Gedichte auf japanisch und chinesisch.

Zwei Jahrhunderte nach Murasakis Tod wurde eine zierliche Vierzehnjährige namens Go Fukasaka einem japanischen Kaiser als Betthäschen überreicht. Aus der widerspenstigen jungen Konkubine wurde bald eine willfährige Kurtisane namens Nijo – und eine Chronistin des Lebens am Hofe, deren Beobachtungsgabe und Scharfsinn der früheren Autorin Murasaki in nichts nachstand.

Nijo hatte viele Liebesaffären, außerdem mußte sie sich um ihre Kinder kümmern. Aber es blieb immer Zeit, Tagebuch zu führen. Nach zwölf Jahren wurde diese lebensfrohe gesellschaftliche Aufsteigerin vom Hof verbannt. Sie hatte sich zusammen mit ihrem Bruder, einem Rivalen des Kaisers, einige subversive Aktionen erlaubt. Sie war eine Frau von großem Charme und mit außergewöhnlichen künstlerischen Ambitionen. Trotzdem ließ sie sich den Kopf kahlrasieren, gab ihre prächtigen Seidengewänder ab und wurde buddhistische Nonne.

Ihr leicht bissiges und sehr unterhaltsames Buch *Die Bekenntisse der Dame Nijo* orientiert sich in vielerlei Hinsicht an Frau Murasakis Meisterwerk. Es beinhaltet einige Gedichte und transportiert die außergewöhnliche Atmosphäre der Epoche von Murasaki, die Nijo und ihre Freundinnen so sehr bewunderten.

Einen großen Unterschied gibt es jedoch zwischen diesen beiden Giganten der japanischen Literatur: Nijos Buch ist nicht erfunden. In ihren Beschreibungen der Ereignisse am Hof nennt sie die wahren Namen der Beteiligten. Sogar der

Kaiser und seine Familie werden als Menschen mit Schwächen dargestellt. Aus diesem Grund war das Buch auch über sechs Jahrhunderte nicht auffindbar. 1940 stolperte ein Gelehrter über die einzige noch existierende Kopie des Textes, der als Abhandlung zu geographischen Fragen getarnt war. Neben ihrem historischen und literarischen Wert stellen die Werke von Nijo und Murasaki eine Form von weiblicher Erfahrung dar, die allgemeingültig zu sein scheint und auch heute noch verblüffend ansprechend ist.

Hroswitha

Hroswitha gebührt eindeutig ein Platz auf der Liste der Nonnen des zehnten Jahrhunderts, die man unsterblich machen sollte. Sie war von hoher Geburt und sorgte selbst dafür, daß sie eine hervorragende Erziehung bekam – obwohl während des Mittelalters weiß Gott kein Interesse daran bestand, Frauen eine Bildung angedeihen zu lassen.

Natürlich mußte Hroswitha in ein Kloster gehen, um überhaupt etwas mit ihrer Bildung anfangen zu können – und mit ihrer Führungskompetenz. Im Alter von 23 Jahren trat sie dem Benediktinerkloster von Gandersheim bei.

Neben ihren hervorragenden Qualitäten im Spirituellen besaß Hroswitha unglaubliches Talent für Dichtung, Prosa, Drama und Mathematik. In ihrem Buch *Sapientia* zum Beispiel stellt sie derart vertrackte mathematische Probleme dar, daß nur professionelle Rechenmeister an ihnen Geschmack finden oder sie lösen könnten.

Sie war der schockierenden Überzeugung, daß sich christliche Moral am ehesten vermitteln läßt, wenn sie mit Humor durchsetzt ist. Hroswitha verfaßte ein Drama und schrieb Legenden nieder. Außerdem sind sechs ihrer Theaterstücke erhalten, die sich an Terenz, dem Klassiker der römischen Komödien, orientieren. In einer typischen Szene rufen drei Jungfrauen, die von einem bösen römischen General, der sie vergewaltigen will, angegriffen werden, Gott zu Hilfe. Gott erhört ihr Gebet. Der General hat plötzlich Halluzinationen. Bald schon macht er sich speicheltriefend über die Töpfe und Pfannen in der Küche her, streichelt die Kochkessel und beschmiert sich bis zur Unkenntlichkeit mit Ruß. Die Mädchen kichern.

Im Jahre 947 wurde die Abtei von Gandersheim in einem kaiserlichen Edikt als unabhängig erklärt. Die Abtei konnte nun Münzen prägen und einen Bauernhof betreiben; sie konnte direkt mit dem Papst korrespondieren, ohne mit den hochnäsigen Bischöfen verhandeln zu müssen, und sogar eine Armee aufstellen.

Heute glaubt man, daß Hroswitha wahrscheinlich keine Nonne, sondern eine Stiftsdame war, also eine privilegierte Bewohnerin des Klosters. Als Stiftsdame hatte sie das Recht auf Landbesitz und Diener. Sie konnte Gäste empfangen und in der Abtei frei ein und aus gehen (ganz aufmüpfige Stiftsdamen verließen das Kloster sogar wieder, um zu heiraten).

Obwohl Hroswitha zu ihren Lebzeiten sehr geschätzt wurde, geriet sie nach ihrem Tod für mehrere Jahrhunderte in Vergessenheit. Dann aber erinnerte man sich wieder an ihr Werk – ein Opus, der bis in die heutige Zeit interessant ist. Hroswitha machte sich keine großen Illusionen über die Wirkung ihrer Schriften. Als einige Bischöfe ihr Werk kritisierten und sich über ihre Texte empörten, lächelte diese lebensfrohe Seele und sagte: »Auch wenn sie Euch nicht besonders gefallen, mir wenigstens haben sie Freude bereitet.«

Kapitel neun

Fernweh – Bloß weg hier!

Aud, die Sanftmütige

Die sanftmütige Aud war eine Wikingerin der neueren Sorte – freundlich und gütig! Nachdem sich die Wikinger jahrhundertelang mit Piraterie und Räuberei beschäftigt hatten, war Auds Benehmen aber auch wirklich eine angemessene Abwechslung.

Aud wurde 855 geboren und wuchs auf den Hebriden auf. Ihre geistige Tiefe hatte sie von ihrer Mutter, einer keltischen Christin, geerbt und ihre pfadfinderischen Fähigkeiten von ihrem Vater Ketil, einem norwegischen Wikinger. Für kurze Zeit war sie mit einem König aus Dublin namens Olaf der Weiße verheiratet. Nach der Scheidung verbrachten sie und ihr Sohn Thorsten der Rote mehrere friedliche Jahrzehnte auf den Hebriden. Als Aud gerade damit beschäftigt war, ihre Enkel zu verziehen und ein bißchen zu meditieren, schauten einige Schotten vorbei, die anscheinend noch nicht wußten, daß schwere Körperverletzung nicht mehr angesagt war: Sie töteten Auds Sohn.

Anstatt mit ihnen den Kampf aufzunehmen, entschied sich Aud zu fliehen. Sie belud ein Schiff mit den wichtigsten Gütern, ihren Enkelkindern und einigen treuen Anhängern und setzte die Segel. Zunächst kreuzte sie zwischen den Orkneyinseln hin und her und verheiratete eine ihrer Enkelinnen mit einem der Inselbewohner. Dann ging's weiter zu den Faroer-Inseln, wo sich die gleiche Prozedur wiederholte. Obwohl die Landschaft auf beiden Inseln äußerst malerisch war, erschienen sie einer Frau, die größere Besitzungen gewohnt war, zu eng.

Auds Brüder hielten sich seit längerem auf einer Insel mit dem wenig einladenden Namen Island (von Eisland) auf. Aud holte sich über die Insel Informationen ein, beförderte ihr Gefolge wieder aufs Schiff und setzte erneut die Segel. Nach zig seekranken Seemeilen auf dem Nordatlantik war in der Ferne endlich Land in Sicht. Aber bevor Aud noch einen Freudenschrei ausstoßen konnte, rammte das Schiff ein Riff und sank. So bekamen alle eine ziemlich genaue Vorstellung davon, wie kalt das Wasser an Islands Küste war (zum Glück konnten die meisten schwimmen oder sich an einer Holzplanke festklammern). Als die Überlebenden völlig verdreckt und durchnäßt das Ufer erreicht hatten, zählte Aud ihre Truppe durch. Die Enkel hatten überlebt. Dasselbe galt für rund 20 treue Anhänger sowie einige Sklaven, und auch das Hab und Gut der Großmutter, das zu einer triefenden Masse Gerümpel geworden war, konnte gerettet werden.

Noch eisiger und unangenehmer als die Havarie war allerdings der Empfang durch Auds Bruder! Ein Blick von ihm genügte: »Es gibt hier nur Platz für die zehn saubersten.« Aud stürmte zu ihrem anderen Bruder, der klug genug war, das freundliche, sanfte Gemüt seiner Wikingerschwester nicht überzustrapazieren.

Als unsere Entdeckerin wieder trocken war, lieh sie sich ein Boot und umsegelte Island. Sie inspizierte die zerklüftete Küste und setzte alles, was sie besitzen wollte, in Brand. Am Ende ihres Einkaufstrips konnte sie unzählige Quadratkilometer ihr eigen nennen.

Nun mußte das neu erworbene Land aufgeteilt werden, und die gute Großmutter hatte dabei einen Riesenspaß! Ihre treuen Anhänger, Enkel und Sklaven erhielten Grundstücke, die mit christlichen Kreuzen markiert waren. Eine Enkelin bekam ein ganzes Tal als Mitgift. Und die Großmama übernahm die Kosten für die Hochzeit. Bei der Vermählung ihres jüngsten Enkels machte sie alles: Sie begrüßte die Gäste, sorgte dafür, daß das Bier in Strömen floß, und dann verließ sie das Fest, um ihren ewigen Frieden zu finden. Auf ihren Wunsch hin wurde sie, die beste und klügste aller Wikingerinnen, an der isländischen Küste im sandigen Boden unterhalb der Hochwassermarke begraben.

Männer bereiten einem doch wirklich nichts als Kopfschmerzen! Davon war zumindest die dreißigjährige Inés de Suárez überzeugt. Ihr Gatte war von einer Eroberungsreise nach Südamerika nicht zurückgekommen. Und da sie auch einmal eine Luftveränderung brauchte, machte sie sich auf, um ihn zu suchen.

1537 segelte Inés von Spanien aus in die Neue Welt. Nachdem sie von Venezuela nach Peru gelangt war, mußte sie erfahren, daß ihr Mann während der Belagerung von Cuzco gestorben war. Sie überlegte sich, wie sie fortan ihr Leben gestalten sollte, und verdingte sich erst einmal als Krankenschwester. Das war eine Erfahrung, die sich bezahlt machen sollte, als sie zusammen mit dem Konquistador Pedro de Valvidia zu einer Eroberungsreise aufbrach (es wäre ziemlich sinnvoll gewesen, einen Kompaß mitzunehmen!).

Sie waren auf der Suche nach einem geeigneten Platz für die Hauptstadt von Chile, und Pedro brachte es doch tatsächlich fertig, sie auf das vertrocknetste Fleckchen der Erde zu führen: die Wüste von Atacama. Inés rettete die Expedition, als sie eine Frischwasserquelle entdeckte. Mittlerweile war sie nicht mehr nur Krankenschwester, sondern auch Aufseherin über die nahezu tausend Sklaven, die die Vorräte trugen.

Im Februar 1539 fand Pedro endlich einen passenden Ort. Er nannte ihn Santiago, und Inés begann, sich dort häuslich einzurichten. Aber Eroberer haben ja grundsätzlich Hummeln im Hintern, und bereits im September zog Pedro in Richtung Süden, um dort Aufständische zu bändigen.

Während Pedros Abwesenheit fielen die Indianer in Santiago ein. Obwohl Inés und die zurückgebliebenen Spanier in der Unterzahl waren, gelang es ihnen, sieben Anführer der Angreifer gefangenzunehmen. Inés hatte ein Händchen für die richtige Taktik am richtigen Ort und schlug vor, die Anführer zu enthaupten. Sie legte sogar selbst Hand an und schleuderte den blutigen Schädel des ersten Opfers in die Menge der angreifenden Indianer, die darüber so entsetzt waren, daß sie von einer Kavallerie der Spanier zurückgeschlagen werden konnten.

Einige Tage später kehrte Pedro zurück und fand ein niedergebranntes Santiago vor. Unsere schlaue Stadtgründerin hatte aber ein paar Kleinigkeiten, etwas Weizen und einige Tiere, vor dem Feuer retten können. Als 1543 in Santiago ein Versorgungsschiff aus Spanien eintraf, hatte Inés bereits dafür gesorgt, daß es wieder Tausende von Schweinen und Hühnern gab. Und dank ihres grünen Daumens hatten alle wieder Brot auf dem Tisch.

Die Witwe Suárez und Pedro hatten über Jahre eine Liaison, trotzdem hielt er nie um ihre Hand an. In Spanien hatte er nämlich delikaterweise noch eine Ehefrau. Schließlich reichte es der energischen Inés, und sie heiratete Rodrigo de Quiroga, einen Leutnant Pedros. Im Jahr darauf erhielt sie aus einem sogenannten Rentenfonds für Eroberer ein Stück Land und Geld. Damit baute sie in Santiago eine Kirche.

Mit 46 mußte Inés sehr lachen, als plötzlich Pedro Valvidias Frau aus Spanien angereist kam. Frau Valvidia stürmte von Bord und mußte erfahren, daß ihr Gatte Pedro kurz zuvor in einem Gefecht mit Indianern getötet worden war. Er war so freundlich gewesen, ihr Schulden in Höhe von 200 000 Pesos zu hinterlassen.

Catalina de Erauso

Ein Leben als Nonne in einem Kloster – Als die Baskin Catalina de Erauso zur Frau zu werden begann, erschien ihr diese Vorstellung schlimmer als der Tod. Ihre Eltern steckten sie trotzdem in ein Kloster. Im März 1600 brach sie dort aus. Ihr Ziel: das andere Geschlecht. Im Gegensatz zu anderen Frauen, die sich in Männerkleider zwängten und dem Frisör einen radikalen Kurzhaarschnitt befahlen, suchte

Catalina keineswegs einen Liebhaber, Ehemann oder eine gute Partie. Nein, dieser hochgewachsene, muskulöse Wildfang wollte ganz einfach Abenteurer werden. Und wurde es auch! Sie sah aus wie ein Mann, besaß ein Schwert und konnte kämpfen. Und so zog sie durch Spanien. Drei Jahre später erwarb (oder stahl) sie eine Fahrkarte für ein Schiff in die Neue Welt. Sie zog durch Panama, Peru und Chile und konnte so richtig zeigen, was in ihr steckte, sei es als Zankapfel, Spieler oder Glücksritter.

Gelegentlich suchte sie sich aber auch ehrbare Tätigkeiten. Sie ging zur Armee, wurde sogar Leutnant, und kämpfte unter dem Kommando ihres Bruders Michael gegen die Indianer. Abgesehen von den Männern, die sie auf dem Schlachtfeld tötete, gingen acht weitere auf ihre Rechnung. Nur um einen tat es ihr leid: In einem mitternächtlichen Duell tötete sie versehentlich ihren eigenen Bruder.

20 sehr wilde Jahre lang machte die männliche Erauso das rauhe Hochland der peruanischen Anden unsicher. Hin und wieder mußte sie ins Gefängnis, und gelegentlich entkam sie dem Arm des Gesetzes oder dem Galgen nur um Haaresbreite. Wie andere Haudegen wurde sie von Frauen über alle Maßen bewundert, allerdings vermied sie Intimitäten – oder gar eine Ehe.

1620 steckte sie einmal ziemlich in der Patsche. Catalina suchte einen Bischof auf, dem sie schließlich ihre ganze Geschichte beichtete. Ihr Leben war zwar höchst zwielichtig verlaufen, sie war aber immerhin noch Jungfrau. Diese Tatsache beeindruckte den Bischof sehr. Offenbar hob dieses »Wunder« sogar ihre Schandtaten auf, jedenfalls kehrte sie als Berühmtheit nach Spanien zurück. Die begabte Rednerin schmeichelte sich beim König ein, der ihr daraufhin eine Pension und eine Rückfahrkarte gewährte. Dann ersuchte sie um eine Audienz beim Papst. Der fühlte sich geehrt und erteilte Catalina, die man überall die »Leutnant-Nonne« nannte, die offizielle Erlaubnis, immer Männerkleidung tragen zu dürfen. Catalina soll schließlich unter dem Namen Antonio de Erauso Maultiertreiberin in Mexiko geworden sein.

Noch zu Lebzeiten wurde die »Leutnant-Nonne« zur Legende. Sie starb wahrscheinlich völlig mittellos. Aber die wilde Gaunerin hinterließ etwas, das sich nicht in Gold aufwiegen läßt: ihre abenteuerreiche Autobiographie! Sie vermittelt uns etwas von ihrem starken und originellen Geist und zeigt gleichzeitig, welch hohen Preis Catalina für ihr wildes, unbändiges Leben zahlen mußte.

Marie Guyarts

Auch der größte Zyniker dürfte wohl Mitleid mit dem Postboten haben, der im 17. Jahrhundert in einer abgeschiedenen Ecke Kanadas für Marie Guyart ackern mußte. Sie hat schätzungsweise 33 000 Briefe geschrieben und verschickt. Wenn diese Übernonne nicht gerade Klöster gründete, den Ursulinenorden in Kanada anführte oder Expeditionen zu diversen Indianerstämmen leitete, schrieb sie Briefe heim nach Frankreich. Marie hatte 1631 sozusagen einen persönlichen Eilbrief von Gott erhalten. Daraufhin war sie in ein Kloster eingetreten und hatte begonnen, mystische Texte zu schreiben. Acht Jahre später verließ sie mit drei anderen abenteuerlustigen Frauen ihr Heimatland Frankreich und machte sich auf in die Neue Welt. Ihren Sohn ließ sie bei ihrer Schwester zurück, und so nahm die Briefflut ihren Anfang. Über 200 ihrer kurzweiligen Briefe existieren noch und bieten heute ein wunderbares Bild der frühen Geschichte Kanadas.

Kenau Hasselaar

Als Tochter eines holländischen Brauereimeisters im 16. Jahrhundert gab Kenau nicht gleich dem erstbesten Holzschuhträger das Jawort. Sie heiratete einen Schiffsbauer. Kenau führte ein friedliches Hausfrauendasein, bis sie im Alter von 35 plötzlich Witwe wurde und alleine vier Kinder versorgen mußte. Glücklicherweise besaß ihre Heimatstadt Haarlem einen gut funktionierenden Hafen. Haarlem war außerdem ein Handelszentrum, das günstigerweise nur einen Katzensprung von Amsterdam entfernt lag.

1562 ließ sich Hasselaar bei der Stadt als selbständige Schiffsbauerin eintragen und tauchte in das umtriebige mittelalterliche Geschäftsleben. Um als Unternehmerin zu überleben, mußte man mindestens so hart sein wie die Rinde eines alten Goudas. Die holländischen Händlerinnen jedenfalls waren zu Kenaus Zeiten und auch später in der Neuen und Alten Welt als »harte Nüsse« bekannt.

Kenau hatte sehr lange Arbeitstage, wenn sie die Holland-Belgien-Schweden-Dänemark-Route abarbeitete. Sie mußte nicht nur neue Aufträge und Kunden an Land ziehen, sondern sich außerdem mit Steuerbeamten, streitsüchtigen Kollegen, illoyalen Lieferanten, einer rebellierenden Arbeiterschaft und schmierigen Finanziers herumschlagen. Da hat sich bis heute ja nichts verändert ... Aber mit der ihr angeborenen Schläue und der stetig wachsenden Souveränität als Geschäftsfrau wurde sie schnell zu einer angesehenen Persönlichkeit, und das, obwohl die Holländer in dieser Hinsicht wirklich nicht so leicht zu beeindrucken sind. Ihre Leistungen als Leiterin des Hasselaar-Schiffbauunternehmens sind aber lange nichts verglichen mit ihren Taten als loyale Bürgerin. Kenau und der Rest des überwiegend protestantischen Haarlems protestierte 1568 wütend gegen die Übernahme der Stadt durch die katholischen Spanier unter der Führung des Herzog von Alba. Es kam zu unerfreulichen Zusammenstößen. Kenau, ihre Schwester Amaron und viele andere Frauen griffen zu den Waffen, um ihre Stadt zu verteidigen. Als versierte Managerin organisierte Kenau ein weibliches Bataillon mit 300 Patriotinnen, das sie selbst anführte. Es gelang den Spaniern zwar nicht, die Stadt einzunehmen, aber sie wurde völlig umzingelt. Nach sieben schrecklichen Monaten der Belagerung gab die ausgezehrte Stadtbevölkerung auf.

Fünf Jahre später gelang es der Haarlemer Bevölkerung,

ihre Stadt zurückzuerobern. Kenau wurde für ihre aktive Rolle bei der Verteidigung der Stadt besondere Ehre zuteil. Von dieser Auszeichnung zehrte sie bis zu ihrem Tode im Alter von ungefähr 60 Jahren.

Marguerite de la Roque

Mit Marguerite de la Roque kam Aufregung in die Wildnis. Am Anfang fand sie es ziemlich großartig, die erste weiße Frau in der unendlichen Weite des nordamerikanischen Kontinents zu sein. Aber dann dämmerte es ihr: Auf diesem riesigen Territorium, das neuerdings Französisch-Kanada genannt wurde, gab es niemand, mit dem sie einen kleinen Einkaufsbummel machen konnte.

Marguerites Geschichte begann im Jahre 1541, als sie erfuhr, daß ihr aufgeblasener Cousin Roberval wieder einmal mit seinem Partner Jacques Cartier auf Entdeckungsreise in die Neue Welt segeln wollte. Fräulein Marguerite hörte den Namen Cartier und dachte vielleicht damals schon gleich an Juwelen – das war allerdings ein kleiner Irrtum (um Kolonisten nach Kanada zu locken, hielt Cartier gewöhnlich seinen Passagieren falsches Gold und falsche Diamanten vor die Nase – in Wahrheit handelte es sich dabei um Pyrit und Quarz). Marguerite erschmeichelte sich eine Schiffspassage. »Eine transatlantische Kreuzfahrt – wunderbar! Mein junger Mann, ich brauche eine Doppelkabine, meine Zofe Damienne kommt selbstverständlich auch mit!« verkündete sie.

Die Schiffsreise war genauso aufregend, wie sie sich die abenteuerlustige Marguerite vorgestellt hatte, vielleicht übertraf sie sogar ihre Erwartungen. Die Fahrt dauerte über mehrere Monate – lange genug also, um die Folgen von Marguerites Tête-à-tête mit einem anderen Passagier mehr als deutlich werden zu lassen. Irgandwann konnte sich Cousin Robbie von seinem Partner Jacques und den Reichtümern, die sie zu entdecken gedachten, losreißen, und er bemerkte den delikaten Zustand seiner Cusine. Er war zwar etwas irritiert, beschloß aber, den Familienkrach zu verschieben, bis das Schiff schon ein gutes Stück den St.-Lorenz-Strom hinaufgesegelt war.

Mit typisch französischem Pathos hielt er ihr eine kleine Standpauke – »Letzter Halt für unartige Passagiere, leb wohl meine Liebe«, – und ließ sie ziemlich unfeierlich mit ihrer Zofe am Strand einer kleinen Insel zurück. Die Familienehre war wiederhergestellt, man konnte weitersegeln.

Marguerite fand kaum die Zeit, sich zu langweilen, da sprang auch schon ihr Liebhaber über Bord und schwamm zu der Insel zurück, auf der sie weilte. Vorsorglich hatte er ein wenig Proviant, einige Waffen und Munition mitgebracht. Hochschwanger versuchte Marguerite, das Beste aus der Situation zu machen, und veranlaßte, daß ihr eine Hütte gebaut wurde. Leider waren ihr Liebhaber und die Zofe nicht gerade belastbar. Die arme Marguerite mußte den ganzen kalten Winter über den Leichnam ihres Liebsten hüten, bevor sie ihn beerdigen konnte. Danach mußte sie ohne Hilfe ihr Kind zur Welt bringen, das sofort starb – schon drei Tote auf dem Friedhof, und sie war die einzige Überlebende.

Kanadas weiblicher Robinson Crusoe war nun allein mit den Erinnerungen. Sie schoß gelegentlich einen Bären und las das Neue Testament. Nach zweieinhalb Jahren segelte zufällig ein Fischerboot vorbei. Obwohl Marguerite in Lumpen gekleidet war, schaffte die Überredungskünstlerin es doch, eine Schiffspassage zurück ins schöne Frankreich zu ergattern.

Schnell setzte sich die Gerüchteküche über ihre unglaublichen Abenteuer in Gang, die Geschichte gelangte sogar bis nach Spanien. Dort inspirierte die spannende Geschichte die Phantasie einer anderen Margarete, der Königin von Spanien. In ihrem *Heptameron* wandelte sie Marguerites Abenteuer in eine fromme Heldengeschichte um.

Marguerite konnte leider keine Arbeit finden, die ihren unter härtesten Bedingungen erworbenen Fähigkeiten als

Bärentöterin oder Totengräberin entsprach, und so endete unsere kleine Weltenbummlerin als Schulmeisterin in der Picardie.

María de Estrada

Als Hernán Cortés und seine spanischen Rowdys 1519 in Mexiko eintrafen, erklärten sie sich selbst und ihren christlichen Gott zum Maßstab aller Dinge. Die Azteken waren entsetzt. Kurz danach bekamen die Indianer einen weiteren Schock, als eine weiße Frau zu Pferd in der Schlacht auftauchte. War das die Jungfrau Maria, von der die Fremden immer wieder erzählten? Oder hatten sie in der letzten Nacht vielleicht ein wenig zu viel getrunken? So beeindruckend wie diese *conquistadora* das Schwert führte, konnte das keine Halluzination sein – auch wenn alles etwas unwirklich erschien.

María de Estrada war die einzige Spanierin – genauer die einzige weiße Frau überhaupt –, die zu dieser Zeit in Mexiko weilte. Dieses Energiebündel war gemeinsam mit dem Ehemann Pedro Sánchez Farfán von Südspanien aus über den großen Teich gesegelt. Pedro muß ein ziemlich hartgesottener Kerl gewesen sein: Als María ihm mitteilte, daß sie lieber zum Kämpfen als zum Anfeuern in die Neue Welt ziehen wollte, zuckte er gelassen die Schultern und sagte: »Warum nicht?« Wie andere erfahrene Soldaten an Cortés' Seite hatte das Kämpferduo bereits auf Hispaniola und wahrscheinlich auch auf Kuba gedient, bevor es sich der Expedition nach Mexiko anschloß (an Motivation mangelte es übrigens bei María und den anderen Konquistadoren nicht. Um an der Expedition von Cortés teilnehmen zu können, mußte man aber auch eine nicht unbeträchtliche Summe investieren).

Die waghalsige Frau meinte es mit dem Kämpfen so richtig ernst. Bei ihr gab es keine gefälligen Defilees und kleine herzerwärmenden Reden, wie Königinnen sie gerne veranstalten, wenn ein Krieg gewonnen werden muß. María sprang in vollem Harnisch in die erste Reihe. Genauso wie die Männer wurde sie von den mexikanischen Moskitos ordentlich bedrängt und aß Ratten mit Distelsauce und andere seltsame Gerichte.

Bei der entsetzlichen Schlacht in Tenochtitlán, der Hauptstadt von Montezumas Mexiko, übertraf María sich selbst. Wegen der mörderischen Art, wie sie mit dem Schwert umging, erhielt María von den Azteken den Beinamen »Große Frau«. Sie verteidigte mit unglaublichem Einsatz eine Brücke, als sich die Spanier während der *noche triste*, der »traurigen Nacht«, einen Weg aus der Hauptstadt freikämpften. Später in Otumba verblüffte sie beide Seiten damit, wie sie vom Pferd aus mit der Lanze umging.

Nach dem Fall der Hauptstadt Mexikos veranstaltete der Kommandant Cortés ein großes Festessen, bei dem nur diejenigen eingeladen waren, die gut gekämpft hatten. María de Estrada erstellte die Gästeliste. Als waschechte *sevillana* trug sie vermutlich auch nicht unwesentlich zur Stimmung bei.

Was für ein unglaubliches, nicht enden wollendes Fest muß das wohl gewesen sein – an einem Strand, Tausende von Kilometern von Spanien entfernt; die Männer, immer noch in voller Montur, wie sie mit María und einer Handvoll anderer Frauen, die nicht am Kampf beteiligt gewesen waren, flirteten; wie sie alle Truthahn und Schwein in sich hineinstopften und sich mit Wein aus Vera Cruz vollaufen ließen, um Geld spielten und lachten, sangen und brüllten und wild tanzten, und besessen waren von ihrem spanisch-katholischen, vermeintlich von Gott verfügten Sieg.

Onorata Rodiana

»Eine Frau ihrer Zeit« ist keine ausreichende Bezeichnung für Onorata Rodiana, ein vielseitig begabtes Wesen aus Castelleone in Italien. Ihre künstlerischen Fähigkeiten wurden nur noch von ihrem Talent als Banditin übertroffen. Als

Wunderkind der Renaissance malte sie auch Fresken, und so wurde sie von Herzog Gabrino Fondolo angeheuert, seinen Palast in Cremona zu dekorieren. Während dieser Arbeit versuchte ein Lüstling aus Palastkreisen, sich an unsere Onorata heranzumachen ... Sie schmiß ihre Pinsel hin, ergriff eine Waffe (vielleicht das Palettenmesser?), stach auf den Beinahe-Vergewaltiger ein und flüchtete als Mann verkleidet.

Der Herzog bekam einen Tobsuchtsanfall und schickte seine Truppen nach ihr aus. Ohne Erfolg. Nachdem er sich etwas beruhigt hatte, ließ er kundtun, daß Onorata jederzeit zurückkommen könne, der Vorfall sei vergessen. Der Herzog mochte seine schreckliche Tat einfach vergessen können, Onorata konnte ihm dieses plötzliche Friedensangebot jedoch nicht so richtig abnehmen.

Sie hatte sowieso ein neues Metier gefunden. Rodiana wurde Bandenmitglied bei den Condottieri, einer Söldnertruppe, die während der Renaissance das Leben in Italien ganz schön aufregend machte.

Onorata, die es noch nie besonders gemocht hatte, Befehlen zu gehorchen, war schnell diejenige, die Befehle erteilte. Sie stieg auf der kriminellen Karriereleiter immer höher und wurde schließlich Anführerin einer eigenen Bande. Während der nächsten 30 Jahre gelangte die vielseitig begabte Rodiana zu der Überzeugung, alles haben zu können: eine Woche lang drehte sie krumme Dinger und führte Raubzüge an; in der nächsten arbeitete sie an ihren Fresken.

Ihre Ausflüge in die Kunst hatten sicherlich Höhen und Tiefen, nicht so das Banditentum. Rodiana und ihre Bande, die sie nach jedem Raub auszahlte, wurde eine Expertin, ihre Kunden – meist irgendwelche Möchtegern-Herrscher – abzuschröpfen und sich bei deren Feinden lieb Kind zu machen, kleine Kriege zu schüren und Feindschaften zu verschärfen. Sie arbeitete vom Pferd aus, weil ihr das am sichersten erschien (die Condottieri hatten ihren eigenen Moralkodex im Kampf, ähnlich vielleicht wie heute die professionellen Ringer). Daß man niemals zurückkehren soll, das allerdings vergaß unsere Renaissance-Banditin. 1472 kehrte sie nach Castelleone zurück, das gerade schwer von den Venezianern bedrängt wurde. Onorata war schon immer sehr sentimental gewesen, was ihre Heimat betraf. Sie versuchte, das Dorf zu verteidigen, und kam dabei um – bis zum letzten Atemzug war sie immer in Aktion.

Isabella d'Este

Für eine Frau, die Dutzende von Parfüms und Handcremes gemischt hatte, eine Menagerie von Affen und Spaßmachern unterhielt und unablässig durch Europa reiste, war es schon eine harte Aufgabe, aber einer mußte es ja in die Hand nehmen. Hinter der ausgedehnten Wanderlust von Isabella d'Este verbargen sich jedoch keineswegs die fixen Ideen eines Luftikusses, sondern ein heeres Ziel und ein Köpfchen, das ihrer Extravaganz durchaus entsprach.

Als rotbackige Erstgeborene hatte sie ganz gute Startbedingungen (etwa, daß ihr Großvater der König von Neapel war). Sie erhielt die klassische Erziehung, die sonst Jungen genossen. Anstatt von neuen Kleidern zu träumen, schmökerte Isabella in Büchern. Landkarten zu studieren und Klassiker auf lateinisch und griechischisch zu lesen, entsprach ihrer Vorstellung von Spaß.

Ihre Leidenschaft für Bücher hatte zur Zeit der Renaissance einen erfreulichen Effekt auf den Buchdruck. Die gebieterische Isabella sammelte nicht nur Erstausgaben und wertvolle handschriftlich verfaßte und von Hand illustrierte Bücher. Sie war gleichzeitig als großzügige Förderin (und oft auch als nervtötende Kundin) von bedeutenden Druckern wie Aldus Manutius von Venedig bekannt. Gelegentlich trat sie auch als Herausgeberin auf. Sie gab die ersten Drucke von Petrarcas und Vergils Dichtungen sowie die Briefe von Hieronymus in Auftrag. Bei allem war sie überaus wählerisch. Im Jahr 1505 schickte sie Aldus vier Bände zurück und legte einen ziemlich bissigen Brief bei, in dem es heißt: »Wenn Ihr weitere Bücher zu einem anständigen Preis, auf besserem Papier und mit sorgfältiger ausgeführten Korrekturen drucken solltet, dann wären wir an einer Abnahme interessiert.« Auf Isabellas Bitte druckte Aldus übrigens auch das allererste Buch mit Paginierung.

So unangenehm Isabella auch sein konnte, als Kunstmäzenin investierte sie unglaubliche Summen.

Sie gab bei allen bedeutenden Künstlern von Raphael bis Bellini Werke in Auftrag. Correggio und Michelangelo schmückten mit ihren Werken Paläste Isabellas, Tizian, Rubens und da Vinci porträtierten sie.

Als Sechzehnjährige wurde sie an einen reichen Erben von nebenan verheiratet, der lieber mit einem Schlachtroß durch die Gegend ritt, als Sonette zu verfassen. So verfolgte sie weiter ihre ganz persönlichen Interessen – auf ihre eigene eigensinnige Weise. 1509 landete ihr Ehemann, der Herzog von Mantua, im Gefängnis. Isabella hatte sich während ihrer ständigen Reisen und Feste ein eigenes Netz von Spitzeln aufgebaut. Dadurch war sie recht gut über die politische Lage in Europa im Bilde. Zwar hatte sie nicht so viele Beziehungen, daß sie den Herzog befreien konnte. Aber durch ihre Entschlossenheit gelang es ihr, ihn angemessen zu vertreten und Mantua vor einer Invasion feindlicher Truppen zu bewahren. Ihr Ehemann schätzte diese Qualitäten nicht besonders. Als er im Jahr 1512 aus dem Gefängnis kam, sagte er: »Wir sind beschämt darüber, daß das Schicksal uns eine Frau als Gattin an die Seite gegeben hat, die stets von ihrem Kopf regiert wird.«

Isabella erwiderte: »Eure Exzellenz ist mir zu Dank verpflichtet wie vorher noch nie ein Ehemann seiner Gattin. Selbst wenn Ihr mich mehr als jeder andere auf dieser Welt lieben und ehren möget, mein Vertrauen werdet Ihr nicht mehr zurückgewinnen.« Dann schritt sie von dannen; die Trennung wurde bis zu seinem Tod aufrechterhalten. Danach machte sie sich daran, das Leben ihres Sohnes als neuer Herzog von Mantua zu organisieren.

Traurigerweise lief es weder mit ihrer Ehe noch mit ihren

Kindern gut. Trotz ihrer Fähigkeiten war Isabella d'Este in Europa lediglich als Kunst- und Modezarin bekannt. Tatsächlich beschwatzten die in modischen Sachen etwas minderbemittelten Damen am französischen Hof ihren König einmal, Isabella um eine Puppe zu bitten, die angezogen wäre wie sie – sie könnten sich dann alle wie Isabella kleiden.

Sophia Brahe

Zu einer Zeit, da die meisten reichen Mädchen die Schüchternen mimten, war die resolute Dänin Sophia Brahe fest entschlossen, es im Leben weit zu bringen. Wie es ihr Latein deklamierender Bruder Tycho, der mit 17 schon ein berühmter Astronom war, einmal so schön sagte: *Ad astra per aspera* – der Weg zu den Sternen ist steinig. Sie war bereit, dafür hart zu arbeiten; wie ihr großer Bruder interessierte sich auch Sophia für alles, was mit dem Himmel zu tun hatte. Sie wollte um alles in der Welt eine entsprechende wissenschaftliche Ausbildung genießen. Da sie an der Universität als Frau nicht zugelassen wurde, bearbeitete sie ihre betuchten Eltern, bis sie ihr einen Hauslehrer besorgten: Er unterrichtete sie in Mathematik, Musik, Astrologie, Alchemie, Medizin, Genealogie und klassischer Literatur. Als kleine Zugabe durfte sie bei ihrem Bruder Astronomie studieren. Der erhielt bereits damals schon von der dänischen Regierung ein Prozent des jährlichen Haushaltsbudgets des Landes für seine Forschungsarbeit, die sich auf Kometen ebenso richtete wie auf die Phänomene der Chemie. Die Geschwister waren beide ziemlich eigensinnig. Einmal duellierte sich Tycho wegen eines mathematischen Problems mit einem Studenten. Tycho verlor durch einen unglücklichen Hieb einen Großteil seiner Nase. Er mußte anschließend eine Prothese aus einer Gold-Silber-Kupfer-Legierung tragen.

Bald hatte Sophia genug gelernt, um in Tychos großzügig eingerichtetem Observatorium und wissenschaftlichen Zentrum auf der Insel Ven seine Assistentin zu werden. Im Jahr 1573 unterstützte sie ihn bei der Berechnung einer Mondfinsternis. Noch aufregendere himmlische Ereignisse standen bevor, etwa der großartige Komet von 1577, der am Himmel erstrahlte, als Sophia 21 war.

Schließlich mußte Sophia ihr astronomisches Arbeitspensum vermindern und einen hochgeborenen Kerl aus Skåne heiraten, einem Landstrich im Süden von Schweden, der damals zu Dänemark gehörte. Sophia, die ohnehin eine gute Partie war, wurde durch ihre Heirat richtig wohlhabend. Kaum zehn Jahre später starb ihr Ehemann. Sophia nahm wieder ihre Studien auf und konzentrierte sich auf Chemie, Biologie und Gartenbau.

Sie war gar nicht mehr von Ven wegzudenken. Tycho schätzte ihre Arbeit sehr und war auf ihre Hilfe angewiesen, als er für sein Opus Magnum die Position von eintausend Sternen bestimmen mußte. Sophia kam auch ausgezeichnet mit den Wissenschaftlern zurecht, die sich für ein paar Monate auf der Insel aufhielten. Einen hatte sie dabei besonders in ihr Herz geschlossen: Eric Lange, ein ausgezeichneter Chemiker. Sie sah nach, wie ihre Sterne zueinander standen – perfekt! Erik besaß ebensoviel Grundeigentum wie Sophia, sie würden sich finanziell also so gut verstehen wie aufgrund der Sternzeichen. 1590 verlobten sie sich.

Bald schon traten bei dieser himmlischen Allianz aber riesige Probleme auf. Sophies Verlobter machte große Schulden, verlor seinen Grundbesitz und verschwand nach Deutschland. Um sie aufzuheitern, schrieb Tycho für sie ein Gedicht in Form eines fingierten Briefes von Sophia an Eric. Er nannte es *Urania Titani* und beschrieb darin eine Frau, die zwischen Hoffnung und Verzweiflung zerrissen ist. Das Gedicht frustrierte Sophia noch mehr – sie konnte kein Latein, die einzige Lücke in ihrem sonst tadellosen Lebenslauf.

Die eigensinnige Witwe glaubte fest daran, daß sie und Erik dazu bestimmt wären, den Rest ihrer Tage gemeinsam zu verbringen. Nun war nicht einmal mehr Tycho auf ihrer

Seite. Nach seinem Tod wurde sie vom Brahe-Clan enterbt und, verließ 1602 ihr Zuhause, um ihren Alchemisten zu heiraten. Sie wußte, sie hatte ihre wahre Liebe gefunden – aber die Sterne hatten verfügt, daß ihr von der Alchemie besessener Ehemann niemals einen Pfennig verdienen würde. Nachdem die beiden Sophies Vermögen auch noch durchgebracht hatten, kam ihre teure Ausbildung zum Einsatz: Sophia stellte Horoskope und verarztete ab und zu mal einen Kranken – damit konnte sie sich auch nach Eriks Tod über Wasser halten. Ein langer und steiniger Weg, aber wahrscheinlich hatte Sophia auch das längst in den Sternen gelesen.

Katharina von Medici

Katharina von Medici war eine der großen Frauen ihrer Epoche; die Ehen, strategischen Allianzen, die Frauen aus ihren Kreisen eingingen, hatten häufig stärkere politische Auswirkungen als Kriege oder Naturkatastrophen, (man könnte Katharina auf Grund ihrer ungeschickten Art, in der Politik mitmischen zu wollen, natürlich böswilligerweise als Naturkatastrophe bezeichnen).

Diese Italienerin mit den seelenvollen Augen reiste 1533 nach Frankreich, um den französischen König Heinrich II. zu heiraten. Sie erschien dort mit einer Flotte von 27 Schiffen, in denen sich ihr Gefolge und ihre Habseligkeiten befanden. Zu ihrer Mitgift gehörten fünf Städte und eine riesige Menge Diamanten, Rubinen und Perlen, des weiteren aber auch so manche innovative Idee.

Zunächst einmal erließ die vierzehnjährige Braut für ihre Hofdamen ein Dekret: »Die Taillenweite darf nicht sehr viel mehr als 33 Zentimeter betragen!« Bevor Katharina mit ihren zehn Babys loslegte, trug sie einen juwelenbestickten Gürtel, auf dem die Sternzeichen zu sehen waren und der ihre Wespentaille betonte.

Dann führte sie bei der etwas primitiven Franzosenfamilie, in die sie eingeheiratet hatte, ein paar ganz annehmbare Gemüsesorten ein – Brokkoli, Bohnen und ein sensationelles Aphrodisiakum, die Artischocke. Nicht, daß das in bei ihr selbst besonders gut funktioniert hätte: Während der 26jährigen Ehe von Heinrich und Katharina schenkte er seine leidenschaftlichen Gefühle hauptsächlich seiner attraktiven Mätresse Diane von Poitiers. Katharina tröstete sich damit, bei ihren Köchen Gaumenfreuden wie Makronen, Früchtesorbets und Trüffel in Auftrag zu geben. Die Franzosen sollten all dies später zu ihren Nationalgerichten erklären.

Ein Mann namens Machiavelli fühlte sich von dem Namen Medici mächtig angezogen und schrieb für Katharina einen Ratgeber für Regierende, der den Titel *Der Fürst* trug. Pech für die europäischen Politiker: Katharina las es und trat als vierzigjährige Witwe in Aktion. Ihre dreisten Versuche, eine Hinterzimmerpolitik zu betreiben und religiöse Kompromisse zu vereinbaren, brachten Katholiken und Hugenotten gleichermaßen in Rage. Um die Diskussionen darüber endlich zu beenden, beschwatzte Katharina ihren Sohn, den jungen, noch grünschnäbligen König Karl IX., das Bartholomäusnacht-Massaker (bei dem 10 000 Protestanten hingeschlachtet wurden) zu befehligen. Was die Situation nicht gerade entschärfte. Sodann wandte sich Katharina eher persönlichen Zielen zu – zum Beispiel der Frage, wie es gelingen könnte, Europa durch ihre Kinder zu regieren und sie politisch geschickt zu verheiraten. Wenn man doch nur in die Zukunft schauen könnte, dachte sie. Katharina glaubte an Gott und war zudem sehr abergläubisch. Sie beschäftigte sich mit Astrologie, nahm an spiritistischen Sitzungen teil und trug einen Talisman. Aber sie brauchte noch etwas Stärkeres: Und wer konnte ein besserer Ansprechpartner sein als Nostradamus, jener Mann, der mit seinen unheimlichen Vorahnungen den Tod ihres Ehemanns Heinrich vorhergesagt hatte? Die Königin lud ihn zu einer mitternächtlichen Sitzung ein. Den beiden wird übrigens nachgesagt, daß sie ein Verhältnis miteinander hatten – vielleicht gab es bei der Sitzung als Zwischengang ja Artischocken.

Nostradamus beeindruckte Katharina mit seinen Visionen, seine düsteren Vorahnungen zu der korrupten Herrschaft ihrer Kinder und deren frühen Tod beschäftigte sie natürlich sehr. Das Leben ihres jüngsten Sohnes Heinrich III. sollte sich noch unglückseliger entwickeln, als Nostradamus vorhergesehen hatte. Heinrich war manisch-depressiv – mal unzähmbarer Partylöwe, dann wieder religiöser Flagellant – und das konnte sich innerhalb einer Woche mehrfach ändern. Dann war er auf einmal verrückt nach Schoßhündchen: Pudel sollten es sein, die dem König und seinem männlichen Gefolge vom Aussehen in gewisser Weise ähnelten. Am schlimmsten war jedoch, daß Heinrich nicht auf den Rat seiner Mutter hörte – es erwischte ihn noch schlimmer als sie.

Die mürrische Königin Mutter brauchte nun mehr als hellseherische Qualitäten, um ihre Strategie zu retten. Das brachte sie fast an die Flasche – oder vielleicht doch an ein anderes Laster? Glücklicherweise war das bald zur Stelle: Dank ihres internationalen Rufs und ihrem Interesse an allem, was neu war, hatte ihr ein Botschafter die Blätter einer Pflanze geschickt, die beruhigen und Trost spenden sollte – er nannte sie Tabak.

Maysun

Muawiya I., der erste arabische Kalif, der im Jahr 661 Nordafrika und Teile des Mittleren Ostens beherrschte, hatte wahrscheinlich noch nie etwas von künstlerischer Freiheit gehört. Bis er seine spätere Frau Maysun kennenlernte, eine attraktive Beduinin und Dichterin aus der syrischen Wüste. Als Maysun ihm einen Sohn gebar, brachte der Kalif seine Familie in einem beeindruckenden Palast in seiner strahlend schönen, neuen und sehr reichen Hauptstadt Damaskus unter. Maysun war zutiefst unglücklich darüber, so weit von der herben Schönheit der Wüste entfernt und in eine Stadt eingeschlossen zu sein, in der sich ein Geschäft an das nächste reihte. Und der Kalif bemerkte noch nicht einmal, was sie bewegte. Als Dichterin gab sie ihren Gefühlen in wunderschönen und Krummsäbel-scharfen Worten Ausdruck, die bis heute erhalten sind:

Ich liebe das Zelt der Beduinen, gestreichelt von der sanft rauschenden Brise,
und inmitten eines grenzenlosen Horizonts zu stehen
mehr als die vergoldeten Hallen aus Marmor in all ihrer königlichen Herrlichkeit...
Ich ziehe einen Wüstenkavalier, großzügig und arm,
einem fetten, in Purpur gekleideten Rüpel, der hinter verschlossenen Türen lebt, vor.

Als Maysuns pausbäckigem und vielbeschäftigten Mann der »in Purpur gekleidete Rüpel« zu Ohren kam, verbannte er seine Frau aus dem Palast. Und wohin schickte er sie wohl? An den schlimmsten Ort, den er sich vorstellen konnte – den jeder Allah-fürchtige, strebsame Kalif meiden würde –, in die Wüste. Maysun hat sich wahrscheinlich den ganzen Weg bis zur Oase ins Fäustchen gelacht.

Alvild

Die schwedische Prinzessin von Gotland zu sein, ist gar nicht lustig, dachte sich Alvild. Für die Hälfte des Jahres war an Sonnenbaden nicht zu denken. Dann hatte die junge Alvild auch noch Stubenarrest – und ihr Vater schenkte ihr ein Paar giftige Schlangen als Haustiere, um unliebsame Freier auf Abstand zu halten. Schließlich tauchte aber ein beeindruckender Däne namens Alf auf, der alles auf sich nehmen wollte, um die Schlangen zu töten und die Blonde zu gewinnen. Trotz Alfs Fähigkeiten als Schlangentöter waren Mama und Papa gegen die Verbindung.

Nachdem sich Alvild deren unbarmherzige Moralpredigten angehört hatte, organisierte sie sich ein paar wetterfeste Klamotten und lief davon. Endlich konnte sie ihrem eigenen mittelalterlichen Traum nachgehen und Piratin werden. Alvild, eine Führernatur, steuerte auf die nächste Gruppe von Frauen zu, die ebenso wie sie auf der Suche nach körperlicher Betätigung war und das Schicksal herausfordern wollten.

Eines Tages, als Alvild und ihre Mannschaft in einem finnischen Hafen auf Lauer lagen, tauchte eine Gruppe dänischer Piratenschiffe auf. Da Alvild sich die Devise »Angriff ist die beste Verteidigung« zueigen gemacht hatte, ging sie sofort zur Attacke über. Während der blutigen Schlacht bemerkten die Dänen, wie überaus wohlgeformt ihre Gegner waren. Der dänische Oberpirat sprang auf Alvilds Schiff, metzelte ihre Mannschaft nieder und versuchte, ihr gegenüberzutreten. Da stieß jemand Alvild den Helm vom Kopf, und sie sah den Griff eines Entermessers vor sich, das niemand anderes hielt als ihr früherer Geliebter Alf. Sie versuchte darüber hinwegzusehen, daß er mehrere ihrer Piratenkolleginnen umgebracht hatte, und schmolz dahin, als er behauptete, er hätte sie überall gesucht. Schließlich hatte diese verwegene Schwedin genug davon, allein in See zu stechen. Alf und sie heirateten bald und kamen (auf ganz legalem Wege) zu einem ganz besonderen Schatz: einem Baby namens Gurith.

Kapitel zehn

Köpfchen muß man haben

Nzinga Mbande

Das stelle man sich vor: Frauen, die im 17. Jahrhundert in Afrika bedeutsame politische Verhandlungen führen. Für Nzinga Mbande, die Schwester des Königs, war das ein Kinderspiel. Sie war beauftragt, einen dauerhaften Frieden zwischen ihrer Heimat Ndongo (dem heutigen Angola), das über eine große Menge an potentiellen Sklaven verfügte, und Portugal, der sklavenhungrigen Kolonialmacht, auszuhandeln. Natürlich arbeiteten die Weißen mit einigen psychologischen Tricks, die die afrikanische Verhandlungspartnerin durcheinanderbringen und demütigen sollten. So wurde Nzinga einmal zum Gouverneur eingeladen, wo man ihr jedoch keinen Stuhl anbot. Nzinga protestierte keineswegs, sondern befahl einem ihrer Sklaven, sich auf den Boden zu knien. Sie setzte sich auf ihren höchst lebendigen »Stuhl« und verhandelte den ganzen Tag (einige Quellen berichten sogar, daß Nzinga die Europäer vollends verwirrte, da sie ihren »Stuhl« anschließend ohne Umschweife exekutieren ließ).

Wenn die offiziellen Pflichten abgeschlossen waren, vergnügte sich Nzinga mit ein oder zwei persönlichen Lustknaben. Möglichst viele Lustknaben zu haben, war bei diesem Stamm eine Frage der Ehre, wenn man von einem gewissen Stand war. Diese männlichen Äquivalente der weitaus bekannteren Konkubinen oder Mätressen in Nzingas fünfzigköpfigem Harem hörten auf Frauennamen und kleideten sich in höchst eleganten Frauenkleidern.

Im Jahr 1624 wurde Nzingas Bruder ermordet, und sie wurde seine Nachfolgerin. Sie besetzte ihr Kabinett mit Frauen, woraufhin die Portugiesen den Friedensvertrag brachen. Zerknirscht ließ Nzinga jedwede diplomatische Contenance fallen und bereitete ihre Truppen auf den Krieg vor. Fest davon überzeugt, daß Frauen nicht nur für niedere

Schreibarbeiten geeignet sind, berief sie sowohl Männer als auch Frauen in ihre Armee. Sie führte die Krieger mit ihren beiden kampflustigen Schwestern Kifunji und Mukumbu an. Sie trugen anliegende Felle und führten ihre persönlichen kleinen Waffenarsenale mit sich – Schwert, Axt, Pfeil und Bogen. Zu diesem Zeitpunkt hatten Nzinga und ihre Familie auch wieder der christlichen Religion entsagt, die von den Portugiesen im Land eingeführt worden war. Das Volk hatte sich erneut den alten Riten des Kannibalismus zugewandt.

Kifunji fiel im Kampf, aber Nzinga und Mukumbu gaben nicht auf und bekämpften die Portugiesen mehrere Jahre lang. Die Furcht, verspeist zu werden, schüchterte die Portugiesen stark ein.

Die taktisch kluge Nzinga machte sich außerdem daran, andere afrikanische Königreiche zu erobern. So konnte sie eine ausreichend große (wenngleich unfreiwillige) Koalition bilden, um den Feind zu schlagen. Sie ging weiterhin eine Allianz mit den Niederländern ein – um sich gegen sie zu wenden, sobald sie sich ihrer anderen europäischen Feinde entledigt hatte.

1659 schloß diese kluge Kriegsherrin endlich einen Friedens- und Freundschaftsvertrag mit den Europäern und beendete damit einen über 35 Jahre dauernden Kampf. Nzinga starb im Alter von fast 80 Jahren und blieb bis zum Schluß Königin. Noch heute wird in den Schulbüchern Angolas von Nzingas Taten berichtet. Die blutigeren übergeht man einfach. Als Angola im 20. Jahrhundert endlich die Unabhängigkeit zurückgewonnen hatte, benannten dankbare Bürger eine große Straße in der Hauptstadt nach ihrer früheren Königin.

Deborah Ascarelli

Im späten 16. Jahrhundert war in Italien Poesie populärer als Pasta. Es gab während der Renaissance viele gebildete und kreative Frauen, und es handelte sich dabei keineswegs nur um Christinnen oder Adlige. Deborah Ascarelli sowie viele andere jüdische Frauen der wohlhabenderen Schichten waren als Künstlerinnen aktiv oder betätigten sich als Mäzeninnen. Deborah war mit einem erfolgreichen Kaufmann verheiratet und verfaßte ihre Gedichte auf italienisch und hebräisch. Ihre Zweisprachigkeit ermöglichten es ihr, Kirchenlieder und mehrere bekannte Bücher ins Italienische zu übersetzen. Ihren eigentlichen Ruhm jedoch verdankt sie ihren Gedichten. Ihr Werk wurde 1601 veröffentlicht – vielleicht war es das erste seiner Art. Darüber hinaus ist es eines der wenigen, die heute noch verfügbar sind. Drei Jahrhunderte später – noch vor Mussolinis Zeit – gab ein Nachfahre ihre Gedichte erneut heraus: Es führte den Faschisten klar und deutlich vor Augen, welchen bedeutsamen kulturellen Beitrag die Juden in Italien geleistet hatten:

Auch wenn güldenes Haar sanft ihr Haupt umhüllt
und ihre Augen voller Liebe sind,
so kommt doch die keusche Susannah niemals vom rechten Wege ab
und hegt keinen Gedanken ohne den Herrn.

Königin Sonduk

Schon im Alter von sieben Jahren zeichnete sich ein kleines koreanisches Mädchen namens Sonduk durch seine Beobachtungsgabe und scharfen Verstand aus. Sie war zufällig anwesend, als ihren Vater, seines Zeichens koreanischer König, ein Geschenkpaket aus China erreichte. Es enthielt die Samen der Pfingstrose und eine Zeichnung der Blume. Die kleine Sonduk bemerkte: »Schöne Blume, wie schade, daß sie nicht duftet!« Verblüfft fragte der Vater, wie sie darauf käme: »Würde sie duften, so wären auf der Zeichnung auch Bienen und Schmetterlinge zu sehen.« Und tatsächlich, die Pfingstrose wuchs heran und duftete nicht. Da wußte ihr Vater, daß seine Tochter vielleicht eine prächtige Thronfolgerin werden würde (seine Lobeshymnen wären sicher bescheidener ausgefallen, hätte er mehr über das Verhalten von Bienen und Schmetterlingen gewußt – sie werden schließlich nicht nur vom Duft der Pflanzen angezogen, sondern genausooft auch von den Farben. Andererseits aber war er dankbar, daß Sonduk einen so scharfen Verstand besaß, denn sie war die einzige, die die Dynastie der Silla fortsetzen konnte).

Während ihrer vierzehnjährigen Herrschaft als Königin von Korea nutzte Sonduk ihr Köpfchen und ihre gute Beobachtungsgabe nur zum Vorteil des Landes. Das 17. Jahrhundert war für Korea blutig und grausam. Sonduk hatte alle Hände voll zu tun, um ihr Land vor Unruhen zu bewahren (wenigstens wurde ihr Herrschaftsgebiet nicht geteilt). Sie förderte einen internationalen Kulturaustausch und sandte mehrfach koreanische Gelehrte nach China. Ein Vermächtnis dieser weitsichtigen Frau ist die erwiesenermaßen erste Sternwarte im Fernen Osten. Dieser Turm, längst eine Touristenattraktion, steht noch heute in Kyongiu in Südkorea, der einstigen Hauptstadt längst vergangener Königreiche der Silla-Dynastie.

Molly Frith

Ihr Sündenregister war unendlich lang, und ihre Manieren ließen einiges zu wünschen übrig. Molly Frith war wahrscheinlich die größte Gaunerin und der reueloseste Tunichtgut, den England je kannte! Sie wurde etwa im Jahr 1589 geboren. Ihren Spitznamen »Moll Cutpurse« (Moll Börsenabschneiderin) verdankte sie ihrem Talent, Passanten die Kordeln ihrer Geldbörsen durchzuschneiden. Schon früh in ihrer zweifelhaften Karriere war klar: Dieses Mädchen, das gern einen trank und eine Vorliebe für Pfeifentabak und Männerhosen zeigte, würde eine Verbrecherin par excellence der Renaissance werden.

Allerdings war sie nicht durch und durch unanständig. Als

Molly etwa 40 war, verstrickte sich das Land in einen heißen und heftigen Bürgerkrieg, der sich an Konflikten zwischen König und Parlament entzündete. Molly war eine fanatische Anhängerin des Königs und nahm als Straßenräuberin aktiv an der sogenannten »Great Rebellion« teil. Nur allzugut erinnert man sich daran, wie sie den Befehlshaber der parlamentarischen Kräfte und seine Gefolgschaft windelweich prügelte. Nach diesem Anfall von Patriotismus fiel Molly ein, daß sie auch ihren Lebensunterhalt verdienen mußte – und erleichterte den Befehlshaber um 250 Goldstücke. Molly kam zunächst ungeschoren davon, aber schließlich erwischte der wütende Kommandant sie doch, und sie wurde eingesperrt. Aber keine Sorge, die gewitzte Molly hatte genug auf die Seite geschafft, um sich die Freiheit zu »erkaufen« ... für rund 2000 Pfund.

Nachdem sie genug des Sieges und des Ruhmes geerntet hatte, begann sie, systematisch ein großes Straßenräuber-Netz aufzubauen. Sodann eröffnete sie ein Pfandhaus für ihre heiße Ware. Wurde Moll die Räuberei zu langweilig, legte sie eine Runde als Fälscherin oder Wahrsagerin ein. Ab und zu saß sie in Newgate ein, dem berühmten Londoner Gefängnis. Die Freunde, die sie dort gewann, vergaß sie nicht, wenn sie sich dann wieder in Freiheit befand. Sonntags ging Frith gewöhnlich nach Newgate, um den Inhaftierten vom Erlös ihrer unrechtmäßig erworbenen Einkünfte Lebensmittel zu bringen (in jenen Tagen war es in England erlaubt, Gefangene auf diese Weise zu versorgen).

Aber Verbrechen alleine machen nicht glücklich. Man weiß von vielen erotischen Abenteuern im Leben der Molly Frith, und es könnte sein, daß sie lesbisch oder zumindest bisexuell gewesen sein könnte. Bei ihrem Sinn für Dramatik war es nicht verwunderlich, daß sie auch einen Ausflug in die Welt des Theaters unternahm. Sie war vermutlich die erste Frau auf der elisabethanischen Bühne. In der Rolle des Kavaliers spielte sie in allererster Linie sich selbst: Sie trug einen Wams, sang ein paar schlüpfrige Lieder und dergleichen mehr. Auch wenn sie bereits vorher stadtbekannt war, nun wurde sie berühmt – besonders als einige Bewunderer Stücke und Lieder über Robina Hood mit dem goldenen Herzen schrieben.

Im Jahr 1611 hatte eine Komödie mit dem Titel »The Roaring Girle or Moll Cutpurse« im Fortune-Theater in London Premiere. Im selben Jahr wurde Moll in der Saint Paul's Kathedrale verhaftet, weil sie Männerkleidung trug – ein Beweis dafür, daß sich selbst Berühmtheiten keine Extravaganzen leisten konnten. Dennoch versuchte sie es weiterhin immer wieder. Molly wurde 75 Jahre alt und würde vermutlich immer noch Londoner Bobbies zum Wahnsinn treiben, wäre sie nicht an der Wassersucht gestorben.

Phillipa von Hainault

Die meisten Königinnen des Mittelalters benötigten für ihre Arbeit einen satten Acht-Stunden-Tag. Es gab viel zu tun – von der Verteidigung ihrer Burg bis hin zur Verteidigung ihrer Ehre gegenüber den Rittern, die nicht immer nur ehrenhafte Minne im Sinn hatten.

Königin Phillipa von Hainault machte so manche Überstunde. Als sie neun war, weihte ein englischer Bischof sie in ihre zukünftigen königlichen Pflichten ein. Nun wußte sie, was auf sie zukommen würde. Sie war mit einem Zwölfjährigen verlobt, der bald Edward III. von England werden sollte, und so kam Phillipa schließlich von Flandern nach Nordengland.

Neben ihrer Pflicht, (das heißt Thronfolger zu gebären, tatsächlich bekam sie zwölf Kinder), zeigte Phillipa großes Interesse an wirtschaftlichen Fragen. Sie hatte bei ihrer Hochzeit als Mitgift Norwich erhalten, das bekannt war für seine guten Schafe und hervorragende Wolle. Phillipa kam auf die großartige Idee, fertige Kleidungsstücke zu produzieren. Diese waren bei weitem wertvoller als Wolle – nicht nur im Export, sondern auch für ihre bislang noch recht schäbig aussehenden neuen Landsleute. Phillipa ließ in Norwich Fabriken einrichten und Weber und Färber aus ihrer Heimat Flandern kommen, die die einheimischen Frauen anlernten. Später schrieb ein Mönch über sie: »Gelobt sei der Name der Königin Phillipa, dic dic englische Textilherstellung erfand.«

Auch dieser Erfolg war ihr nicht genug, weswegen sie außerdem den Grundstein für einen anderen wichtigen Industriezweig legte: den Kohleabbau in Tyndale. Außerdem zeigte die Königin ein außergewöhnlich starkes Interesse an wissenschaftlichen Studien. Sie gründete das Queens College in Oxford und war außerdem Förderin literarischer Größen wie Chaucer. Des weiteren kümmerte sie sich um das Gesundheitswesen und eröffnete zahlreiche Krankenhäuser. Sie war Gönnerin und Patientin von Cecilia, der berühmten Ärztin von Oxford.

Phillipa war groß, hatte blondes Haar und eine gute Figur. Sie war auch eine großartige Mutter, was ihr in England viel Sympathie einbrachte: nicht zuletzt, weil sie in einer Zeit, in der man seine Kinder gern Ammen übergab, ihr entzückendes Söhnchen Edward selbst stillte. Phillipa und Edward (den man später wegen seiner schwarzen Rüstung den »Schwarzen Prinzen« nannte) wurden das Vorbild für unzählige Madonna-mit-Kind-Darstellungen, die man noch immer in den englischen Glasmosaiken und in der religiösen Kunst bewundern kann.

Die gute Mutter verstand sich überraschenderweise auch in der Kriegskunst. 1346 waren der große und der kleine Edward wieder einmal in irgendwelche Kämpfe verwickelt, als plötzlich 12000 Schotten mit finsteren Eroberungsabsichten nach England vordrangen. Königin Phillipa beendete seelenruhig ihre Arbeit, verteilte Waffen, rief die Truppen zusammen und hielt, auf einem weißen Roß sitzend, eine flammende Kriegsrede. Im Verlauf eines Nachmittags wurde der schottische König David Bruce gefangengenommen und seine Truppen wurden in die Flucht geschlagen. Dieser Heldenmut beeindruckte wirklich jedermann. Bald darauf trugen englische Frauen mit Edelsteinen besetzte Dolche sowie Hüte, die wie Kriegshelme geformt waren.

Gelegentlich konnte Phillipa aber auch das den Frauen angeborene Talent ausspielen, um jeden Preis den eigenen Willen durchzusetzen. Als ihr Gatte beispielsweise in Calais gerade die Franzosen geschlagen hatte und einige Einwohner hinrichten lassen wollte, um ein Exempel zu statuieren, tauchte plötzlich Phillipa auf – wieder einmal schwanger! Da sie wußte, daß es für das Ansehen des Königs vorteilhafter wäre, wenn er sich gutmütig zeigte, fiel sie vor ihm auf die Knie und bat um Gnade für die Verurteilten. Edward war beeindruckt von ihrer (geschickt eingesetzten) Unterwürfigkeit und gab ihrer Bitte nach.

Die Königin starb im Alter von etwa 50 Jahren, was im ganzen Land große Trauer auslöste. Glücklicherweise mußte sie so nicht das Unheil miterleben, das ihr Gatte anrichtete, und auch der frühe Tod ihres geliebten Sohnes Edward blieb ihr erspart.

Christine de Pizan

Im Jahr 1365, als Christine noch in den Windeln lag, wurde ihrem Vater vom französischen König Karl V. eine Stellung angeboten, die man nicht ausschlagen konnte. So zog die ganze Familie von Venedig nach Paris. Ihr Vater hatte nun die angesehene Possition des Hofastrologen inne, und so erhielt auch Christine eine erstklassige Ausbildung. Und die würde sie auch brauchen …

Als Fünfzehnjährige heiratete sie einen Hofnotar namens Etienne und war, wie sie später bemerkte, als Mutter und Ehefrau vollkommen glücklich. Aber dann wurde Etienne von der Pest befallen und starb. Da stand sie nun, als Witwe mit zwei Kindern, die zusätzlich auch noch ihre Mutter und zwei Brüder versorgen mußte. Etienne hatte ihr nichts hinterlassen, und auch ihr Vater, der mittlerweile tot war, hatte ihr nichts hinterlassen. Auch vom König war nichts zu erwarten, auch wenn sein Bibliothekar ihr weiterhin gestattete, die Bibliothek zu nutzen.

Und wie so viele Mütter nach ihr, die hungrige Mäuler zu stopfen hatten, verwandelte Christine ihr Haus in ein Büro und begann zu schreiben. Sie verfaßte zehn Lyrikbände, elf Prosawerke, Satiren sowie die erste bedeutende Streitschrift über Frauenfragen. Sie konnte sich recht geschickt vermarkten, und so gelang es ihr, ihr zweites Buch gegen ein Honorar an einen Herzog zu verkaufen, das andere Schriftsteller vor Neid erblassen ließ. Danach erhielt Christine mehrere Aufträge, größtenteils vom Hof. Einige waren durchaus einträglich, etwa die offizielle Biographie von Karl V.

Ihr bekanntestes und erfolgreichstes Buch ist wohl *Das Buch von der Stadt der Frauen*. In dieser Universalgeschichte der Frauen betont Christine nachdrücklich die Bedeutung der Bildung für Frauen. Aber sie schrieb auch ein Militärhandbuch. Obwohl über die dort vertretene These, Armeen sollten nur zu Verteidigungszwecken aufgestellt werden, oft gelacht wurde, war das Buch äußerst populär und wurde sogar ins Englische übersetzt.

Christine de Pizan gestaltete ihre Bücher selbst und lernte auf diese Weise einige der besten Buchkünstler kennen. Sie war immer bestrebt, andere berufstätige Frauen zu unterstützen. So lobte sie öffentlich eine besonders talentierte Illustratorin namens Anastasia, die vermutlich auch an ihren Büchern mitgearbeitet hatte (damals arbeiteten Künstler oft auf diese Weise zusammen).

Christine, die Latein sowie Italienisch und Französisch beherrschte, wagte sich auch an die kontroversen Themen ihrer Zeit heran: Erziehung, Ausbildung und andere Rechte für Frauen. Zu ihrer Zeit war der *Rosenroman* ein äußerst populäres Werk, ein wundervoll illustriertes erotisches, aber auch sehr sexistisches Buch – die Bibel für jedermann, der bei höfischen Liebesspielen mitreden wollte. 1403 schrieb Christine als Reaktion auf die Frauenfeindlichkeit dieses Werkes eine Serie von offenen Briefen an den Autor. Es kursierte eine Vielzahl von Kopien dieser provozierenden und höchst politischen Briefe, die später auch als Buch veröffentlicht wurden.

Nach einer zwanzigjährigen Karriere als Schriftstellerin legte Christine die Feder aus der Hand und zog sich in ein Kloster zurück. Sie verfaßte 1429 noch ein einziges Werk über die von ihr so bewunderte Schwester Johanna von Orléans. Es blieb das einzige zeitgenössische Werk in französischer Sprache, das über die Jungfrau von Orleans geschrieben wurde.

Helene Kottanerin

Ihr Dasein als Witwe zu führen, war für Helene Kottanerin, einer Ungarin mit einer heimlichen Vorliebe für Heldenhaftes, eine grauenhafte Vorstellung. So vermählte sie sich um 1439 erneut mit einem Herrn aus dem schönen Wien, der als Diener für ein hohes Tier im Dom arbeitete. Diese Verbindung brachte ihr die Stellung als Hofdame bei Königin Elisabeth von Ungarn ein. Ein ruhiges Pöstchen war das keineswegs: Sie war der Königin Vertraute, Näherin und Agentin.

Eine ihrer unangenehmeren Aufgaben war es, bei der Geburt von Königin Lizzies Sohn Ladislas zu assistieren, dem neuen Kronprinzen für den Thron von Ungarn und Böhmen. Allerdings war dessen Vater, König Albert, drei Monate zuvor plötzlich gestorben. Die Chancen, daß der Neugeborene zum König ernannt werden würde, waren praktisch gleich null. Die Königin, die Helenes Fähigkeiten bereits gut einzuschätzen wußte, hatte einen neuen Auftrag für ihre Hofdame: Sie sollte sich nach Visegrad schleichen, wo die königliche Krone aufbewahrt wurde, sie entwenden und zur Königin und ihrem Baby zurückbringen. Das Kind seinerseits verbarg man an einem geschützten Ort vor der Adelsclique, die ihren eigenen polnischen Kandidaten für den Thron vorgesehen hatte.

Helene krempelte die Ärmel hoch und machte sich zu ihrem gefährlichen Auftrag auf. Die Königin hatte versäumt, auf ein paar nicht ganz unwichtige Details hinzuweisen: Es war tiefster Winter; Eis und Schnee erschwerten die Reise aufs dramatischste; das Schloß lag auf der anderen Seite der Donau und – ach ja, noch etwas – wenn sie erwischt würde, konnte sie natürlich mit keiner Hilfe rechnen.

In ihren Memoiren beschrieb Helene später in den glühendsten Farben die Einzelheiten ihres Überfalls: Richtig schlimm wurde es erst auf dem Heimweg bei der Überfahrt über die gefrorene Donau. Der Schlitten mit der Beute brach durch das Eis, und aus der kleinen Agentin Kottanerin wäre beinahe eine Eisskulptur geworden. Aber sie vollbrachte die Heldentat und legte die Krone ihrer Königin und dem Baby zu Füßen. Schnell folgte ein glücklicher Staatsstreich. Aber wie die Ironie des Schicksals es wollte, starb die Königin, bevor der neue Regent auf den Thron gelangte. Die immensen Anstrengungen von Helene waren also umsonst gewesen.

Helene hätte sich eine neue Stellung suchen können. Aber statt dessen verfaßte sie ihre Autobiographie. Bald wurde ihr Rückblick auf ein bis dahin geheimgehaltenes Stück Geschichte wertvoller als jede ungarische Krone.

Margarete von Dänemark

Die Dänin, die 1387 drei skandinavische Länder in einer Union vereinte und 25 Jahre regierte, hieß Margarete, und wie viele ihrer Namensvetterinnen der Neuzeit hatte sie ziemlich viel Grips und keine Angst, ihr Köpfchen einzusetzen.

Zunächst verlief ihr Leben standesgemäß. Sie heiratete König Hakon von Norwegen und gebar ihm einen Sohn Olaf. Nach dem Tod ihres Vaters, des Königs von Dänemark, glänzte Margarete erstmals durch ihre Überzeugungskraft. Sie überredete den dänischen Reichsrat, der fünfjährigen Olaf zum König zu wählen. Sie versicherte, daß sie hinter den Kulissen die Regentschaft führen würde. Fünf

Jahre später wandte sie diesen Trick erneut erfolgreich in Norwegen an. So regierte Margarete zwei Königreiche (es handelte sich hier keinesfalls um eine Allianz, die nur auf dem Papier Gültigkeit hatte. Die Union zwischen Dänemark und Norwegen bestand weitere 400 Jahre).

Plötzlich starb der kleine König Olaf. Margarete hielt ihren Kummer im Zaum und überzeugte Dänen und Norweger davon, die althergebrachte Thronfolgeregelung zu vergessen. So machte sie sich selbst zur Herrscherin. Für die Dänen hieß sie »Herrin und Herrscherin mit voller Befehlsgewalt als Hüterin des Reiches«, während die Norweger sie eher beiläufig »mächtige Dame des norwegischen Königreiches und rechtmäßige Gebieterin« nannten.

Innerhalb eines Monats begannen die Schweden, neidisch auf Margaretes Herrschaftsbereich zu schielen, und bettelten darum, auch in die Union aufgenommen zu werden. Sie priesen Margarete als »Dame mit voller Befehlsgewalt und rechtmäßige Herrscherin«. Einige Schweden, die weiter entfernt in Lübeck lebten, nannten sie tatsächlich Königin.

Um die alte Garde des Landes zu beschwichtigen, begann die mächtige weibliche Nummer eins im Staat, ihren Stammbaum nach einem jungen männlichen Verwandten zu durchforsten, der zumindest auf dem Papier als König eingesetzt werden konnte. Sie fand ihn schließlich in ihrem Großneffen Erich. Nachdem Erich nicht mehr gestillt wurde, sondern schon Bier trank, arbeiteten die beiden weiterhin als Team. Erich führte den Vorsitz bei Arbeitsessen und eröffnete Brauereien, während Margarete die tatsächliche Regierungsarbeit leistete; sie hatte die Vision, eine Verfassung für ein vereintes Skandinavien zu entwickeln und nahm schließlich auch Finnland und Gotland in ihr Herrschaftsgebiet auf.

Margarete, die vollständig in ihrer Arbeit aufging, organisierte für ihr Leben gern. Tag und Nacht arbeitete sie an einer Steuer- und Münzreform. Sie richtete eine Nationalversammlung ein, deren Vertreter aus den Gemeinden und dem Adel kamen. Und sie hatte alle Hände voll zu tun, Bischöfe und andere Geistliche davon abzuhalten, sich gegenseitig an die Kehle zu springen. Zu Beginn des 15. Jahrhunderts beendete sie die schwierige Aufgabe, die Verwaltungen dreier Länder zu einer einzigen zu verschmelzen. Es überraschte und verschreckte niemanden, daß Dänemarks Hauptstadt Kopenhagen zur Hauptstadt der Union erklärt wurde.

Heutzutage hätte Maggie wahrscheinlich den Friedensnobelpreis dafür erhalten, daß sie ihre Schweden, Dänen und Norweger aus der Hanse holte, bevor diese wirtschaftlich zugrunde ging. Margarete starb im Alter von 59 und hinterließ Erich ein gigantisches Erbe: einen friedlichen und blühenden skandinavischen Markt. Und dennoch gab es schlechte Nachrichten aus Dänemark: Ungeachtet der langen Lehrzeit unter dem Schutz der mächtigen Herrscherin, konnte Erich das Reich nicht zusammenhalten, wenigstens einen Erben präsentieren, der dieser Aufgabe gewachsen gewesen wäre.

Juliana Berners

Als frühe Umweltaktivistin wußte die englische Anglerin Juliana Berners um die Gefahren des Überfischens. Sie schrieb äußerst treffend: »Man sollte nicht zu gierig sein oder zuviel auf einmal wollen. Das passiert in unserer Zunft ebensooft wie in anderen.«

Die Autorin des *Buches von St. Albans*, das die erste Abhandlung über das Fliegenfischen enthält, war Priorin und Leiterin des Sopewell-Klosters von Saint Albans in England. Während der Sauregurkenzeit konnte es ziemlich still im Kloster werden. Juliana hatte also einige gute Gründe, die Angel auszuwerfen: Man mußte früh aus den Federn, es sparte Geld, und es war gesund. Fischen war Nahrung für Geist und Seele, so behauptete sie zumindest: »Man verfällt nicht in Müßiggang, bekanntermaßen die Hauptursache für viele andere Laster.«

Diese unbekümmerte Naturliebhaberin stammte vermutlich aus einer adligen Familie in Essex. Sie hatte eine ausgezeichnete Ausbildung genossen und konnte mit Worten ebenso elegant jonglieren wie mit ihrer Angel. Auch nach ihrem Eintritt ins Kloster pflegte sie Aktivitäten im Freien: die Jagd nach Wild, Falken und Vögeln sowie das Fischen – aber sie schrieb auch gerne darüber. Ihr 1496 veröffentlichtes Buch illustrierte sie selbst. Das Kapitel über die Falkenjagd ist wirklich faszinierend. Die Fans von Angel und Haken werden jedoch am meisten aus dem Kapitel über »das Fischen mit einer Angel« ziehen. Der praktische Teil enthält alles über die Herstellung von Haken und Angelschnur, die Befestigung der Fliegen und andere Weisheiten über das Fischen, die man seit Anbeginn der Menschheit ausgetauscht hat.

Kuan Tao-sheng

Während die Mongolen in der Mitte des 13. Jahrhunderts damit beschäftigt waren, China mit Waffengewalt zu erobern, eroberte Kuan Tao-sheng das Land mit ihren Bambus-Zeichnungen und ihrer Kalligraphie. Die Bambuszeichnung war schon immer ein populäres Genre in der asiatischen Kunst; Fu-jen, eine Kalligraphie-Künstlerin, die unter extremen Schlafstörungen litt, hatte diese Kunst zwei Jahrhunderte zuvor eingeführt. Angeblich beobachtete Fu-jen eines Nachts bei Mondschein die wunderbaren eleganten Schatten der Bambusblätter. Sie stand auf, nahm einen Pinsel und begann, die Schatten auf ihrem Fenster, das aus Reispapier bestand, nachzuzeichnen.

Zum Glück hatte Kuan einen Ehemann, der sie unterstützte – er war selber Künstler und Kalligraph. Sie führten ein glückliches, wenngleich auch rastloses Familienleben. Sie hatten neun Kinder, die gelegentlich bei der Arbeit mithalfen.

Der Durchbruch als Kalligraph erfolgte für ihren Mann am Hofe des mongolischen Eroberers und neuen Herrschers Kublai Khan; dort machte er schnell Karriere. Als er befördert wurde, zog die Familie aus Peking fort in andere Teile des Landes und führte fortan ein Nomadendasein. Es mag für die Kinder nicht einfach gewesen sein, ständig die Schule zu wechseln. Aber nur die Präsenz am Hofe sicherte Kuan und ihrer Familie die lukrativen Aufträge des Kaisers. Diesem war sehr daran gelegen, sein barbarisches Image loszuwerden und sich einen Namen als Mäzen zu machen. Den Memoiren ihres Mannes zufolge wurde Kuan Ehre von allen Seiten zuteil – und vor allem die ungebrochene Gunst des Kaisers. Ein Teil dieser Bewunderung mag aber auch auf einem Mann aus dem fernen Europa namens Marco Polo zurückzuführen sein, der ständiger Gast im Hause des Kublai Khan war. Eines ihrer besten Werke fand seinen Platz im Nationalpalast-Museum in Tapei, wo man es noch heute bewundern kann.

Margarete von Navarra

Königin Margarete, eine Intellektuelle mit katholischem Hintergrund, war leidenschaftliche Literaturmäzenin. Sie traf sich mit allen und jedem – vom Calvinisten bis hin zum umstrittensten französischen Autor. Als Rabelais ihr seine Komödie *Gargantua und Pantagruel* widmete, war sie vollends glücklich. Wie schwer mochte es wohl sein, selbst einige gewagte Zeilen hinzulegen? Margarete wollte es zumindest versuchen. Zum Aufwärmen verfaßte sie einige religiöse Gedichte. Das Werk wurde wegen seines protestantischen Untertons verrissen. Dann aber kam die Königin mit einem Prachtstück heraus: dem *Heptameron*. Es bestand aus 72 Geschichten mit erotischen Themen, die sie ihrer Lebensgeschichte oder denen ihrer Verwandten entnommen hatte. Schade nur, daß die meisten von ihnen nichts Denkwürdiges getan, gesagt oder auch nur gedacht hatten. Darüber hinaus wird einem die Moral der Geschichte in diesem Werk mit dem Holzhammer eingeprügelt. Glücklicherweise aber hatte Margarete die »wahre« Geschichte der Marguerite de la Roque mit in ihre Sammlung aufgenommen – und diese war wirklich eine Perle unter 71 eher leeren Austern!

»Es gibt Menschen, denen es schwerer fällt, eine Sünde zuzugeben, als sie zu begehen.«
Margarete von Navarra, *Heptameron*

Sukayna

Sukayna war mit Mohammed verwandt und ließ keine Gelegenheit ungenutzt, den Namen ihres Cousins ins Spiel zu bringen. Vor allem nicht, wenn es darum ging, zeitgenössische Berühmtheiten wie Sänger, Dichter oder Gelehrte bei den intellektuellen oder künstlerischen Zirkeln in ihrer Oase in der Wüste Arabiens zu versammeln. Dabei hatte sie es überhaupt nicht nötig, irgend jemanden zu irgend etwas zu überreden. Sie strotzte nur so vor Energie und Verstand und weckte auch bei anderen Frauen das Bewußtsein für neue Standards in Bildung und Erziehung. Zwischen ihren Festen knüpfte und löste sie ihre eigenen Ehebande. Sie verlangte – und erhielt – die vollständige Handlungsfreiheit in einer Beziehung. Für diesen Anspruch hatte sie sich eine ziemlich gute Zeit ausgesucht! Sie hatte das Glück, zwischen 622 und 700 zu leben, in einer Zeit also, als die Erben Mohammeds noch harte ideologische Kämpfe um die Richtung und Ausprägung ihrer Religion austrugen. Kurze Zeit später entstand der Schiismus: Dessen strenge Grundsätze verschlossen sprichwörtlich die Eingänge zu den Zelten von Sukayna und ihresgleichen, die doch tatsächlich die Frechheit besessen hatten, Rede-, Bewegungs- und Gedankenfreiheit für sich zu fordern.

Properzia de' Rossi

Properzias Vater arbeitete im15. Jahrhundert in Bologna als Schreiber. Seine Tochter wollte Künstlerin werden. Als junge Frau studierte sie Zeichnen bei dem absoluten Star der Szene, dem Graveur Raimondi. Schon bald stand sie auf der Liste der wichtigsten oder zumindest kuriosesten Künstler der Stadt. Properzia liebte die Schnitzerei. Aber ihre Werke trafen nicht überall auf Zustimmung. Die Schnitzkünstlerin verwendete Pfirsich-, Aprikosen- und sogar Kirschkerne für ihre kleinen Meisterwerke. Properzia dekorierte nicht nur das Wappen der Familie Grassi mit Aposteln aus Pfirsichkernen, es gelang ihr sogar, komplexe Szenen, wie zum Beispiel die Kreuzigung, in Stein zu meißeln.

In fortgeschrittenerem Alter fertigte sie marmorne Büsten an und machte sich einen Namen als ernstzunehmende Künstlerin. Sie nahm auch Auftragsarbeiten an.

Eine besonders erquickliche Aufgabe war der öffentliche Aufrag, den Hohen Altar einer bekannten Kirche zu gestalten. Sie gewann später einen prestigeträchtigen Wettbewerb um die Anfertigung einer Marmorskulptur für die Kirche in San Petronio – eine weitere Stufe nach oben auf der Karriereleiter. Properzia hat ihre Werke meist nicht signiert (das taten damals nur wenige Künstler), aber es gibt diverse Dokumente, die Properzias künstlerisches Werk belegen.

In San Petronio beispielsweise existieren Belege darüber, daß Properzia bezahlt wurde, um zwei Engel, drei Sybillen und einige Basrelief-Panele aus Marmor anzufertigen. Kunsthistoriker sind sich einig, daß ein beeindruckendes Kunstwerk, die Geschichte von *Joseph und Potifhars Frau* von Properzia stammt.

Wie viele andere Frauen, die zu jener Zeit ein eher unkonventionelles Leben als Künstlerin führten, mußte sich Properzia mit neidischen männlichen Konkurrenten herumschlagen. Es gab böse Gerüchte über ihr Liebesleben. Ungeachtet ihres künstlerischen und kommerziellen Erfolges scheint Properzia völlig mittellos noch vor Vollendung ihres 40. Lebensjahres gestorben zu sein.

Alessandra Giliani

Die Frauen des Renaissance-Zeitalters waren dafür bekannt, schneidige Bemerkungen zu machen. Alessandra Giliani hingegen war berühmt für ihre realen Schnitte. Das kleine Wunderkind lernte bei dem berühmtesten Sezierer Italiens, Mondino de Luzzi, das Sezieren. Um 1318 war noch nicht erforscht, welche Blutbahnen Arterien und welche Venen waren. Die geschickte Alessandra soll eine Technik erfunden haben, mit deren Hilfe man den Fluß des Blutes im Körper verfolgen konnte. Sie nutzte jede Leiche, die man ihr zur Verfügung stellte, entnahm Blut aus den Venen und Arterien und füllte sie anschließend mit einer gefärbten Flüssigkeit, die nach einiger Zeit hart wurde. So konnten die Anatomen mehr über den menschlichen Körper lernen. Dieses junge Wissenschaftswunder soll im Alter von 19 Jahren, völlig ausgezehrt durch ihre Arbeit, gestorben sein. Zu Ehren ihres Beitrags zur Erforschung des menschlichen Körpers hängt heute eine Gedenktafel in der Hospitalskirche Santa Maria del Mereto in Florenz.

Rose von Burford

Einem König Geld zu leihen ist ziemlich einfach – komplizierter ist es, das Geld wieder zurückzubekommen. So zumindest hat es Rose von Burford 1320 erfahren. Sie und ihr Ehemann arbeiteten als stadtbekannte Kaufleute im Wollhandel. Sie gehörten zu einer Gruppe von Händlern mit Exklusivrecht im Warenhandel und exportierten englische Wolle nach Frankreich.

Rose hatte auch Sonderaufträge. So bestellte Isabella, die

Königin von Frankreich, einen schicken kleinen Umhang, der mit Korallen verziert war – für den modebewußten Papst!

Rose war eine gewitzte und knallharte Geschäftsfrau. Nicht so ihr Gatte John, der nachts auch als Sherif von London tätig war. Vielleicht litt er ja an Schlafstörungen. In jedem Fall übertrieb er es mit seinen Einschmeicheleien, als er König Edward II. eine erhebliche Summe überließ, um ihn im Kampf gegen die Schotten zu unterstützen.

Kurz danach starb John. Seine Witwe fand heraus, daß König Eddie seine Schulden nicht zurückgezahlt hatte. Behielt unsere Rose ihre steife britische Haltung und schrieb die Summe ab? Keineswegs! Rose fühlte sich dazu verpflichtet, Johns Vermögen zu ordnen. Und wenn man dafür den Königen auf die Füße treten mußte!

Dokumente belegen, daß Rose den König mindestens fünfmal um Rückzahlung bat – ohne Ergebnis. Was also tut man? Sie machte König Eddie einen neuen Vorschlag. Rose schlug vor, eine Aufstellung über ihre Steuern zu machen und sie mit dem Darlehen des Königs zu verrechnen. Dieser Vorschlag kam dann bei dem nicht besonders kreditwürdigen König an. Er willigte ein.

Rose erhielt ihr Geld zurück. Aber einige Zeit später machte sie dann selber Schulden. Ihre Güter im Hafen von Dover wurden daraufhin konfisziert. Es erübrigt sich wohl, weiter auszuführen, daß weder der König noch sonst jemand ihr mit Rat oder Tat oder Kredit zur Seite gestanden hätte.

Chu Shu-chen

Leid zieht Menschen an, wie die Popularität von Seifenopern im Fernsehen beweist. Diese Weisheit gilt und galt überall auf der Welt. Das kann man auch am Beispiel der bedauernswerten Chu Shu-chen sehen. Sie war eine der ersten Asiatinnen, die ihre Schwermut in eine Karriere umsetzte. Die Dichterin Chu Shu-chen lebte im 12. Jahrhundert in

China. Nach ihren eigenen Aussagen war sie mit einem Tolpatsch verheiratet und kinderlos; dabei gehörte sie der Oberschicht an, hatte eine erstklassige Ausbildung genossen und es fehlte ihr an nichts. Voller Schmerz begann sie zu dichten: Ihre zarten Verse sind von unglaublicher Schönheit. Die Chinesen verschlangen ihre Texte geradezu, und ihr geschwollenes poetisches Selbstmitleid blieb über Jahrhunderte hinweg populär – eine Wendung in ihrem Lebens, die sie vermutlich in den Selbstmord getrieben hätte, wäre sie nicht schon lange vorher gestorben.

Königin Elisabeth I.

Zwischen 1533 und 1603 konnten die Engländer wirklich gut aufs Fernsehen verzichten. Das Leben ihrer Königin hielt genügend Überraschungen bereit. Ihr lebendiges Wesen, ihre gefährliche Kindheit, die Spekulationen über ihr Liebesleben und die pikanten politischen Situationen, aus denen sie sich geschickt hinausmanövrierte, begeisterte alle Welt. Schon ihr Aussehen zeugte von ihrer königlichen Herkunft: Von ihrem Vater, Heinrich VIII., hatte sie das herrliche rotgoldene Haar geerbt sowie die helle, fast durchsichtige Haut und die langen Hände, die sie mit Juwelen schmückte. Das schreckliche Schicksal ihrer Mutter Anne Boleyn und ihrer Stiefmutter Katharina, die beide vor Elisabeths 18. Geburtstag enthauptet worden waren, hatte sie zu der Überzeugung kommen lassen, daß es gesünder ist, nicht zu heiraten: Schäferstündchen, Flirts und dergleichen jederzeit. Aber bitte nicht in den Hafen der Ehe!

An dem Tag, an dem sie Königin wurde, konnte man in einem Memorandum des Rates lesen: »Das Reich ist in einem schlechten Zustand, ebenso wie die Menschen hier, wir haben viele Feinde, aber keine echten Freunde.« Unter ihrer Herrschaft erlebte das Land Wohlstand (es dauerte allerdings 15 Jahre, bis Elisabeth die Schulden ihres Vaters beglichen hatte) und Frieden (sie beendete den Krieg mit Frankreich und versenkte die spanische Armada). Für England begann das goldene Zeitalter in Literatur, Theater und Kunst. Gar nicht mal so schlecht für eine jungfräuliche Königin, der man nachsagt, sie habe schon vor ihrem 30. Geburtstag eine Glatze gehabt!

Obwohl Elisabeth die Pocken bekam, verlor sie dadurch nicht, wie immer gesagt wird, ihre Haarpracht. Eine ergebene Freundin namens Mary Sidney pflegte sie aufopferungsvoll und war selbst völlig entstellt, nachdem sie sich angesteckt hatte. Das Gerücht von der glatzköpfigen Königin mag auf Elisabeths Vorliebe für Perücken zurückzuführen sein – oder auf einige faule Historiker, die die Geschichte mit der Glatze einfach immer wieder übernahmen. Als die Königin sich während ihrer Krankheit schon an der Schwelle des Todes glaubte, röchelte sie ihrem »süßen Robin« (Lord Robert Dudley, die Liebe ihres Lebens und ergebener Gefährte) ihr Vermächtnis zu. Auch seinem Diener hinterließ sie ein hübsches Sümmchen – er hatte wohl einiges an intimen Details über sie erfahren. Das scheint darauf hinzuweisen, daß sie durchaus auch ein erotisches Leben hatte – so richtig zur Sache ist es wohl aber nicht gekommen.

Elisabeth war eine Königin mit ausgesprochenen Vorlieben und Abneigungen. Die hochgewachsene Tudor liebte frische Blumen, Feuerwerke, Theater, Vanille (sie bestreute alles damit), Seidenstrümpfe, Bogenschießen, prächtige Kleider, den Tanz, Bäder und die Farben weiß, schwarz, gold und rotgold. Im Gegensatz zu vielen ihrer Zeitgenossen haßte sie ungewaschene Körper und schlechten Geruch. Ihr Patensohn hat sich wahrscheinlich für immer ein Plätzchen in ihrem Herzen erobert, als er 1597 eine Art Wasserklosett für sie installierte. Elisabeth war durchaus eine Frau mit Widersprüchen. Obwohl sie die Versklavung der Afrikaner ablehnte, lieh sie eines ihrer Schiffe an ein profitables Sklavenunternehmen aus. Und obwohl sie keinen Gefallen an der königlichen Gewohnheit fand, Zwerge am Hofe zu halten, hatte sie doch selbst einen: eine kleinwüchsige Dame namens Lady Tomasin.

Am Ende ihrer 45jährigen Herrschaft sagte Elisabeth: »Gott hat es sehr gut mit mir gemeint. Das Größte ist aber für mich, daß mir meine Untertanen so treu ergeben sind. Ich freue mich nicht so sehr darüber, daß Gott mich zur Königin gemacht hat, als darüber, daß ich über ein so dankbares Volk regieren durfte.« Ihre Liebe wurde weithin erwidert. Selten stand ein Staatsoberhaupt in der Gunst der Untertanen so hoch wie Königin Elisabeth I. Und kaum ein König war so erfolgreich wie sie, die einer ganzen Epoche ihren Namen aufdrückte.

Beatrix Galindo

Im 15. Jahrhundert war es für Frauen nicht gerade üblich, zu studieren. Im Grunde konnten Frauen nur in Italien die Universität besuchen. Die Universität von Salerno, an der viele herausragende Frauen studierten, war auch die Alma mater für die Spanierin Beatrix Galindo. Als sie ihr Abschlußzeugnis endlich in den Händen hielt, kehrte sie auf direktem Weg heim nach Spanien, wo sie einen Posten als Professorin für Latein und Philosophie an der prestigeträchtigen Universität von Salamanca erhielt. Königin Isabella wurde auf die schlaue Beatrix – die man auch »La Latina« nannte, weil sie Latein konnte – aufmerksam und engagierte sie als Privatlehrerin am spanischen Hofe. Unter der Anleitung von Beatrix lernte Prinzessin Johanna sogar, Reden aus dem Stegreif zu halten (nicht, daß man ihr jemals erlaubt hätte, dies auch zu tun). Der Beruf der Lehrerin war für jemanden wie Beatrix keine intellektuelle Herausforderung. In ihrer Freizeit gründete sie daher in Madrid noch ein Krankenhaus. Sie wurde 60 Jahre alt.

Adelicia Louvein

Adelicia war die Tochter eines französischen Grafen und so hinreißend schön, daß sie »Schöne Maid von Brabant« genannt wurde. 1120 erhielt sie die Nachricht, sie solle die zweite Frau von Heinrich I. von England werden. Man darf sich das allerdings nicht besonders romantisch vorstellen – das einzige Hobby, das dieser Mann besaß, war, mit seiner ihm Angetrauten Kinder zu zeugen. Adelicia bekam auch noch eine Stieftochter, Matilda, die in ihrem Alter war. Als die schöne Maid Heinrich heiratete, hatte er gerade seinen einzigen rechtmäßigen Sohn verloren. Adelicia wurde und wurde nicht schwanger – die Stimmung im Schloß sank. Die Königin jedoch ließ sich dadurch nicht aus der Fassung bringen und freundete sich mit ihrer Stieftochter an. Der König war durch nichts mehr aufzuheitern. Er verstarb, nachdem er sich den Magen verdorben hatte. Anschließend verliebte Adelicia sich und heiratete einen Ritter mit dem Beinamen »Starker Arm«. Sie lebten glücklich im Schloß Arundel an der Küste von Sussex und bekamen sieben Kinder. Dann stand plötzlich Matilda vor der Tür. Heinrich hatte sie zur Königin ernannt und die Untertanen einen Treueeid auf sie schwören lassen. Das hatte leider nur nicht viel genutzt – ein Bürgerkrieg war ausgebrochen. Matildas größter Gegner bestand nun darauf, Adelicia solle ihre Stieftochter an ihn ausliefern. Die schöne Maid war mit ihren paar Mannen, um das Schloß zu verteidigen, nicht gerade in einer vorteilhaften Verhandlungsposition. Trotzdem sagte sie dem Schwerenöter ganz frech, daß er abschwirren sollte, sie würde ihre Stieftochter bis zum Äußersten verteidigen. Der Bluff funktionierte – zumindest für eine kurze Zeit. Viele Kriegsjahre später wurde durch die stetige Unterstützung von Adelicia und ihrem Mann Matildas Sohn König Heinrich II. – Er war der erste Herrscher der Plantagenets, dem Geschlecht, das die Engländer am meisten liebten. Adelicia blieb ihren Nachkommen in strahlender Erinnerung und ist nun der ganze Stolz der Lyons, *Linnes* und Leóns.

Danksagung

Für ihre wertvollen Hinweise dankt die Autorin:
Meg Bogin; Sara Bodlak; Serim Denel; Riane Eisler; Denise Fourie; Doris Gold, Lektorin bei Biblio Press; Joni Hunt; Terry Jones; Barbara Lane; Ed Landry; Pamela Lechtman; Penny Lentz: der Lyon(s) Families Association of America; Emily McGinn; Karen Mellin; Ginny and Paul Merz; Paula Ogren; Harry Ojalvo, Kurator der Quincentennial Foundation in Istanbul; Oxford University Press; Lissi Pedley; Shirley Ranck; Michael Shulman von Archive Photos; Judith Steinmetz; Nedim Yahya von der Quincentennial Foundation.

Inhalt

Zeiten für starke Frauen 7

Wie man im Mittelalter Kohle machte 13
Scharfe Äxte, wilde Raubzüge 35
Der Adel und das liebe Geld 59
Die Pest & andere Heimsuchungen 81
Höfische Minne und pikantes Bettgeflüster 95
Kreuzzüge & Wallfahrten – Auf geht's 121
Hexenzauber & Hexenverfolgung 147
Religiöses Leben in 31 Geschmacksrichtungen 165
Fernweh – Bloß weg hier 187
Köpfchen muß man haben 211

Danksagung 237